WAI WAI CINEMA KAIKAN

猥々《ワイワイ》シネマ快館3

得松ショージ

創風社出版

館主の口上3

『猥々シネマ快館』もついに3冊目です。

映画のシリーズ物なら「1や2は良かったけれど、3はマンネリだ」と言われる作品が多く、第3弾はさらなる新工夫を求められるものでございます。そんな暗黙の「2で止めてれば良かったのに」プレッシャーを乗り越え、前巻から何と10年ぶりの刊行です。

しかし、別に新工夫はございません（オイオイ無しかよ）。露骨にSEXを強調する作品よりも、SEXシーンが無くても巧みにエロスのツボを突いたセリフや設定が有る作品を紹介すること、外国語映画と邦画を交互に連想キーワード繋がりで並べること、添えるイラストは映画の場面の忠実な再現よりもそこから妄想した場面を描くこと、とにかく〝ワイセツ大好き〟がモットーであることは変わっておりません。

結末に触れないと魅力が伝わらない作品については、ネタバレしてももうご存知だろうと思われる旧作を選んで紹介しています。読んで興味を惹かれた映画がございましたら、ぜひ映画館やDVD・ブルーレイ等のハッキリ、クッキリ鮮明な今の画像で観直して頂きたい。そこに新たな発見が有って、愛する映画の記憶を増やして頂くことが、館主の望みでございます。

目次

チャイナタウン
1974年製作　ジャック・ニコルソン出演
ロマン・ポランスキー監督　6

KAMIKAZE TAXI
1995年製作　役所広司、片岡礼子出演
原田眞人監督　10

モンスター
2003年製作　シャーリーズ・セロン出演
パティ・ジェンキンス監督　14

嫌われ松子の一生
2006年製作　中谷美紀、伊勢谷友介出演
中島哲也監督　18

マレーナ
2000年製作　モニカ・ベルッチ出演
ジュゼッペ・トルナトーレ監督　22

屋根裏の散歩者
1992年製作　三上博史、嶋田久作出演
実相寺昭雄監督　26

アスファルト・ジャングル
1950年製作　サム・ジャフェ、マリリン・モンロー出演
ジョン・ヒューストン監督　30

大地の子守歌
1976年製作　原田美枝子、梶芽衣子出演
増村保造監督　34

シュウシュウの季節
1998年製作　ルールー出演
ジョアン・チェン監督　38

赤い天使
1966年製作　若尾文子、川津祐介出演
増村保造監督　42

ブラックブック
2006年製作　カリス・ファン・ハウテン出演
ポール・ヴァーホーヴェン監督　46

大奥浮世風呂
1977年製作　松田英子、志賀勝出演
関本郁夫監督　50

スタンドアップ
2005年製作　シャーリーズ・セロン出演
ニキ・カーロ監督　54

女囚701号　さそり
1972年製作　梶芽衣子、夏八木勲出演
伊藤俊也監督　58

マグダレンの祈り
2002年製作　ノラ＝ジェーン・ヌーン出演
ピーター・ミュラン監督　62

くノ一化粧
1964年製作　春川ますみ、西村晃出演
中島貞夫監督　66

キカ
1993年製作　ベロニカ・フォルケ出演
ペドロ・アルモドバル監督　70

ねじ式
1998年製作　浅野忠信、藤谷美紀出演
石井輝男監督　74

桃色画報
2003年製作　サラ・コズミ出演
ティント・ブラス監督　78

寝ずの番
2006年製作　中井貴一、木村佳乃出演
マキノ雅彦監督　82

輪舞
1964年製作　ジェーン・フォンダ出演
ロジェ・ヴァディム監督　86

大奥㊙物語
1967年製作　藤純子、岸田今日子出演
中島貞夫監督　90

サマードレス
1996年製作　フレデリック・マンジュノ出演
フランソワ・オゾン監督　94

白い指の戯れ
1972年製作　伊佐山ひろ子、石堂洋子出演
村川透監督　98

悪い男
2001年製作　チョ・ジェヒョン、ソ・ウォン出演
キム・ギドク監督　102

血と骨
2004年製作　ビートたけし、鈴木京香出演
崔洋一監督　106

郵便配達は二度ベルを鳴らす
1981年製作　ジャック・ニコルソン出演
ボブ・ラフェルソン監督　110

ヒューマンネイチュア
2001年製作　パトリシア・アークエット出演
ミシェル・ゴンドリー監督　118

セクレタリー 秘書
2002年製作　マギー・ギレンホール出演
スティーブン・シャインバーグ監督　126

フリーダ
2002年製作　サルマ・ハエック出演
ジュリー・ティモア監督　134

弓
2005年製作　チョン・ソンファン出演
キム・ギドク監督　142

KEN PARK
2002年製作　ジェームズ・ランソン出演
ラリー・クラーク、エド・ラックマン監督　150

アイス・ストーム
1997年製作　ジョアン・アレン出演
アン・リー監督　158

おんなの細道　濡れた海峡
1980年製作　三上寛、山口美也子出演
武田一成監督　114

セックス・チェック　第二の性
1968年製作　安田道代、緒形拳出演
増村保造監督　122

D坂の殺人事件
1998年製作　真田広之、嶋田久作出演
実相寺昭雄監督　130

北斎漫画
1981年製作　緒形拳、田中裕子出演
新藤兼人監督　138

魚影の群れ
1983年製作　緒形拳、十朱幸代出演
相米慎二監督　146

サード
1978年製作　永島敏行、森下愛子出演
東陽一監督　154

ヴァイブレータ
2003年製作　寺島しのぶ、大森南朋出演
廣木隆一監督　162

アメリカン・ビューティー　166
1999年製作　ケヴィン・スペイシー出演
サム・メンデス監督

サンダカン八番娼館　望郷　170
1974年製作　田中絹代、高橋洋子出演
熊井啓監督

ラストエンペラー　174
1987年製作　ジョン・ローン出演
ベルナルド・ベルトルッチ監督

卍（まんじ）　178
1964年製作　若尾文子、岸田今日子出演
増村保造監督

あるスキャンダルの覚え書き　182
2006年製作　ケイト・ブランシェット出演
リチャード・エア監督

人が人を愛することのどうしようもなさ　186
2007年製作　喜多嶋舞、永島敏行出演
石井隆監督

愛についてのキンゼイ・レポート　190
2004年製作　リーアム・ニーソン出演
ビル・コンドン監督

清作の妻　194
1965年製作　若尾文子、田村高廣出演
増村保造監督

ラスト、コーション　198
2007年製作　トニー・レオン出演
アン・リー監督

盲獣　202
1969年製作　船越英二、緑魔子出演
増村保造監督

あとがき　206
『猥々シネマ快館3』残日録

題名索引　211
i ~ xiv

チャイナタウン

1974年製作・アメリカ

CHINATOWN

ロマン・ポランスキー監督
ジャック・ニコルソン、フェイ・ダナウェイ出演

往年のハードボイルド探偵映画のムードたっぷり
事件の深層にあるのはロリコンの近親相姦
実際にロリコンだったポランスキー監督作

もう50歳代からは名優の域を超越して、登場するだけでモンスター級の存在感を発揮したジャック・ニコルソンですが、若い頃はチャーミングなセクシー男優でした。後の貫禄たっぷりの姿しか知らない方には『チャイナタウン』(74年、ロマン・ポランスキー監督)を観て頂きたいです。1930年代風のスーツを粋に着こなし、薄い頭髪をセンター分けしてピッタリ固めて広い額を潔く出したヘアースタイル、女殺しの甘いスマイル、当時36歳のニコルソンにはカマっ気がない男でも魅了される男の色気が溢れていました。

時代は1937年、ロサンゼルスの私立探偵J・J・ギテス(ジャック・ニコルソン)は、市の実力者・水道電力局長モウレーの浮気調査を夫人から依頼され、モウレーと美少女の密会を盗撮します。後日、その写真がゴシップ新聞に流れ、ギテスは名誉毀損で訴えられ、調査依頼に来た夫人が偽者だったことが分かります。本当の夫人(フェイ・ダナウェイ)から真相を聞き出そうとすると、なぜか「もう告訴は止めた」と言われ、モウレーを訪ねて貯水池へ行くと、彼が溺死体になっています。改めて調査を始めたギテスは、行く先々で事件に巻き込まれ、やがて市を牛耳る黒幕(大監督ジョン・ヒューストンが俳優で出演)が姿を現します。

往年のハードボイルド探偵映画のムードに包みながら、ポランスキー監督は定石破りのヒネリを加えます。タイトルに掲げたチャイナタウン(当時のロスの犯罪地帯)が画面に登場するのは最後の数分だけで、デカダンスな魔窟の描写もなく、そこが警官時代のギテスが辛い事件を経験した所と仄めかせるだけで詳細は明らかにしません。肩透かしを喰わせて、スッキリしない感を残すのが監督のネライでしょうか。前半、ギテスがナイフ使いのヤクザに小鼻を斬られるシーンも驚きです。主役が大部分の登場場面で顔に大きな絆創膏を貼っている映画など観たことがありません。しかし、鼻（男性のシンボル）が傷ついている痛々しさ（傷フェチ）でギテスのセクシーさが倍加。最初は脚本に書かれてなかったアイデアで、鼻斬りヤクザをポランスキー監督自身がノリノリで演じています。池乃めだか風の小男で蝶タイのお坊ちゃまスタイルと凶暴なヤクザというギャップが意表をついて凄味がありました。

ギテスの調査から焙り出されるのは、実の娘をレイプして孫（イヤ娘？）を産ませ、またその孫にも手を出そうとしているおぞましい究極のロリコン近親相姦オヤジ（これはハードボイルドが横溝正史、金田一ギテ助に変化しそう）。このオヤジが「時と場合で人は何でもできる」と言いますが、ポランスキー監督が自他共に認めるロリコンなのを踏まえて観ると意味深です。映画公開から3年後、ポランスキーはニコルソンとアンジェリカ・ヒューストン（ジョンの娘で女優）が同棲していた屋敷で少女モデル（13歳）のレイプ事件を起こしてしまいます（ロリコン趣味は勝手でもレイプはダメよ）。裁判で有罪になり、ヨーロッパへ逃亡。海外逃亡犯のポランスキーはアメリカに入国した途端に逮捕されますから、後年『戦場のピアニスト』（'02年）がアカデミー監督賞を受賞しても表彰式は欠席しています。

この映画は裏話や因縁話の宝庫で、ニコルソンが暴露していましたが、撮影中のポランスキーとフェイ・ダナウェイは犬猿の仲で（ロリコンと大人の色気あるアネゴだから無理もないか）、とうとう一言も口を利かなくなり、それでは撮影に支障をきたすから、ニコルソンが監督と主演女優の間で連絡パシリを務めていたとか。当時のニコルソン氏は意外にイイ人だったようです。

チャイナタウン

KAMIKAZE TAXI

1995年製作・日本

KAMIKAZE TAXI

原田眞人監督・脚本
役所広司、片岡礼子、高橋和也、内藤武敏出演

ドS絶倫で歴史を正しく伝えない政治家、ヤクザ、
売春婦、出稼ぎ外人、各々のキャラが秀逸
南米民族楽器ケナの哀切を帯びた響きが心に沁みる

KAMI KAZE

絆創膏を貼った顔No.1女優、ボクのお薦めはダントツで日本の片岡礼子です。

片岡礼子は愛媛出身でデビュー作『二十才の微熱』('93年)から注目でしたが、地元贔屓抜きで彼女の独特の個性にハマリました。『愛の新世界』(以前紹介済)、『鬼火』でもナチュラルでリアルな存在感を示し、『ハッシュ!』('01年)でキネマ旬報主演女優賞を獲得しました。その後、病気のために大事な時期にしばらく休業を余儀なくされ、回復してからは無理のないように役を選んで活躍している女優さんです。話を戻して、この映画('95年、原田眞人監督)の彼女の役(タマ)は子供の頃に家族全員が亡くなる交通事故に遭い、泣くとか怒るとかの一般的な反応が乏しいフリーの売春婦。SMプレイで負傷させられ、出演場面の9割は絆創膏を貼った顔で出ています。絆創膏の落書きもオシャレな不思議な雰囲気の女性です。

これは「日本には約15万人の日系外国人労働者と、約9万人のヤクザと、歴史を正しく伝えない数人の政治家がいる。極めて稀だが、彼らが知り合うこともある」映画です。登場人物のキャラが秀逸で、各々俳優も好演適役です。まず、特攻隊帰りを売りに政界入りし、今や首相とゴルフに興じる大物政治家・土門(内藤武敏)。リベラルなインテリ役が多い内藤武敏がドSの性癖のある弱者イジメ好きの傲慢老人に扮して嫌な凄みを発揮します。その傘下の不動産屋兼ヤクザ組長・亜仁丸(ミッキー・カーチス)は薄い頭髪をポニーテールにし、キレたら仕込刀ステッキで人を斬り刻む残忍さと、趣味がジャズクラブでのサックス演奏というビミョーに複雑な男(キネマ旬報助演賞受賞)です。若頭(矢島建一)は六大学出のインテリ優男だが人殺しヘッチャラ、網パン下着を着用するカマ性癖男。彼から土門への女性供給係を継いだチンピラ達男(高橋和也)は自慢のナニで女をコマシ、人生女に食わせてもらってきたが、女は商品じゃなく職場を共有する仲間と思っている青年です。情婦の推薦したタマを土門に届けると、「悪い病気がまた出ちゃった」先生にタマが顔を傷つけられ、怒って抗議した情婦が亜仁丸に殺されます。達男は友人を誘って土門邸を襲撃して土門の隠し金2億円を強奪、亜仁丸に追われ友人達が惨殺されます。偶然、達男は暴力に動じない不思議な出稼ぎペルー人・寒竹（役所広司）が運転するタクシーに乗り、やがてタマも加わった逃避行が始まります。

思えば、これが『SHALL WE ダンス?』『うなぎ』へと続く映画俳優・役所広司の快進撃の始まりでした。それまでは役所広司はテレビの名優との認識でしたが、片言の日本語を喋って達男と友情を深める場面の巧さ、武器がネクタイとパチンコ玉から木刀、銃へとエスカレートしていく〝わらしべ長者アクション〟の迫力、寒竹と土門のカミカゼ絡みの因縁が分かったときの怒り、引き込まれます、見応えあります。

この映画は2本組のVシネマ作品だったのが完成後評判が良くて劇場公開されたから、上映3時間に及ぶ長尺です。ヤクザの復讐劇だけなら半分にまとまる物語にドキュメント風インタビューを入れたり、本筋と離れたアドリブ風エピソードがノンビリと続いたりします。それを退屈と思う人もいそうですが、ボクはそういう想定外の展開がおもしろくて大好きです。娯楽映画ですが社会風刺も入っていて、再見すると撮影時の二十数年前の日本の状況が、総理（細川）の突然の辞任、従軍慰安婦問題、外国人労働者、格差、現在もあまり変っていないのに驚きました。『バウンス ko GALS』（以前紹介済）同様、世紀末90年代を見事に切り取った原田監督作品です。

KAMIKAZE TAXI

モンスター

2003年製作・アメリカ

MONSTER

パティ・ジェンキンス監督
シャーリーズ・セロン、クリスティーナ・リッチ出演

強盗殺人を重ねながらレズの恋人と逃避行
7人の男を殺しモンスターと呼ばれた実在の売春婦
美人女優が大変身して、なりきりの熱演がスゴイ

刑務所で12年間服役し、'02年10月に処刑された実在の連続殺人女性犯の物語です。不幸な家庭環境で育ち、8歳でレイプされ13歳で出産してホームレス、今はドライバー相手の売春婦をしているアイリーン（シャーリーズ・セロン）と親から疎外されているレズ娘セルビー（クリスティーナ・リッチ）が出会う場面から始まります。自殺を考えていたアイリーンはセルビーに愛情を感じ、人生やり直しを決意します。手早く稼ごうとして暴力的な変態客に捕まり、責め殺されかけて反撃、射殺してしまう。金と車を奪って逃げ、堅気になろうとするが社会の風は冷たく、金が尽きるとセルビーのために売春婦に逆戻り。強盗殺人罪を重ね、終には警官殺しから足がついて逮捕、死刑を宣告されます。

映画スターを夢見ていた女がモンスターになってしまう笑えない話です。心の闇は人間皆が持っています、誰もがモンスターです。猛獣とでも平気で暮らせる人が「人間が一番怖い」と言うように、変態客も恋人も同様に酷い。自分の満足優先でアイリーンに寄生し、娼婦をさせて稼がせ、最後は警察と取引して証人席に座るセルビーは性悪の女ヒモのようです。見逃す替わりにアイリーンにフェラを強要する警察官もいますが、「アゴが折れそうになった」フェラってどんなの？ 勿論、アイリーンの犯した罪に同情は出来ませんが、ボクもフリーランスの不安定な商売、注文（金）がなくなるのは怖いし、悪い客をつかんだら悲惨なのは同じ。愛人を抱えて生活に追われる彼女の心情がリアルに伝わり、心が寒くなる映画でした。

この作品でシャーリーズ・セロンはアカデミー主演女優賞ほか数々の演技賞を獲得しました。彼女のセクシーボディをデビュー作『2days』（'96年）から注目し、数々の映画でその美貌と裸体を「脱いだらスゴイが大根女優」と見ていたボクの目はフシ穴でした。アカデミー賞選考委員は美人に点が辛くて（美人の演技派女優は損）、美人顔のままで受賞したのはグウィネス・パルトロー『恋におちたシェークスピア』（'98年）くらいで、10年に1人いるかどうかです。発達したメイク技術で美人女優（ニコール・キッドマン、ハル・ベリーなど）がワザとブス顔で熱演すると評価が良く受賞しているので、セロンも勝負を賭けたのでしょう。凄まじい努力で肉体改造（いや改悪）をして、もう別人。15キロ体重増のボテ腹、シミが浮かんだ張りのない肌、眉なしブスメイク、すさんだ人生を肉体からも感じさせ、実在した殺人犯になりきった女優魂に感服します。ちなみにセロンの実父はアル中の家庭内暴力男で、少女時代に母が父を射殺する事件を体験したそうで、どうしてもこの役を演じてみたい何か強い思いがあったのでしょう。

　女性監督作品、主演女優賞、同性愛、殺人事件と『ボーイズ・ドント・クライ』（'99年）との共通点に目が向きますが、あちらのバイブ使用派に対し、こちらはシンプルに立位〝押しくらまんじゅう〟派です。アイリーンが全米初の女性死刑囚との解説もありますが、女死刑囚の実話は『私は死にたくない』（'58年、ロバート・ワイズ監督）があったし、ジョージ・W・ブッシュ元大統領がテキサス州知事時代の5年間で152人も記録的死刑執行した中に女性も含まれていたはずなのに、誰かの勘違いが引き写されたようで、全米初は間違いです。そしてモンスターというなら、イラク戦争を強引に推し進めたブッシュ元大統領こそケタ外れのモンスターでした。彼に媚び従った各国の政治家全員モンスター、後世の歴史家はどういう評価を下すのでしょうか。

モンスター

嫌われ松子の一生

2006年製作・日本

KIRAWAREMATUKO NO ITUSYOU

中島哲也監督・脚本
中谷美紀、伊勢谷友介、柄本明出演

女教師からソープ嬢へ、そして殺人犯へ
ダメ男ばかり愛して変転していく女の一生
悲惨な物語をポップなミュージカル調で仕上げた映画

LOVE
SEX
MONEY

『嫌われ松子の一生』は原作小説（山田宗樹）が出版されたときからタイトルに惹かれていました。これって『無法松の一生』の女性版？（全く違う）。ベストセラー本になり、'06年は漫画、映画、TVドラマ化されて、ちょっとした〝松子ブーム〟になりました。

物語は川尻松子（中谷美紀）53歳の死体が荒川土手で発見されるところから始まり、松子の波乱万丈人生にバックします。松子は福岡の中学教師だった23歳の時、生徒の窃盗の罪を被って家出。それから博多で作家志望のDV男と同棲。男が突然自殺すると、彼の才能にコンプレックスを抱いていた親友の愛人になるが、男の妻に不倫がバレて破局。中洲のソープで働いて№1泡姫になるが、熟練技のプロよりも素人が好まれる時代になり、お払い箱。滋賀・雄琴のソープへ流れて行き、稼ぎを横取りするヒモ男を刺殺。東京へ逃げて自殺しようとするところを理容店主の男に救われ同棲。その後、逮捕されて刑務所で8年間服役。刑務所で得た理容技術を活かし、美容院に勤めていたときに中学の教え子で窃盗事件の真犯人・龍洋一（伊勢谷友介）と再会。今では極道ヤクザの龍を共に地獄へ落ちる覚悟で愛するが、龍は組を追われて刑務所へ逃げ込みます。龍の出所を待ち続ける松子は40歳になり…。

この後も、情けないダメ男ばかり愛して報われない〝不幸松の一生〟が続きます。昔のメロドラマか、〝そんなのありかよ〟の韓国ドラマのような、波瀾万丈のジェットコースター的転落人生。運命に翻弄され美しいヒロインが汚れていく物語に目が離せません。

気になって、小説、漫画、TVドラマも見てみましたが、映画版はちょっと異色の出来でした。映画化した中島哲也監督は、前作『下妻物語』（'04年）からエンターテインメ

嫌われ松子の一生

ント性溢れる弾けた映像テクニックに注目していましたが、今度はこの悲惨な辛い物語をミュージカル風に、人工色彩感覚のアニメ風ポップな映画に仕上げていました。ポップな口当たりにするためか、原作にある松子を苦しめるシャブの件は排除して（精神を病んでいく原因が分かりづらくなったが）、替わりに原作にないヘン顔（ブス顔）エピソードを加えています。病弱な妹を可愛がる父（柄本明）の目を自分に向けるため、子供の頃からヘン顔（寄り目にして唇を歪めて突き出す）をしていたらクセになって、精神的に追い詰められた状況になると無意識にヘン顔になり「ふざけてるのか？」と相手を怒らせる場面、これは笑えました。生マジメな中谷美紀は、このヘン顔をする意味が分からないと監督と対立して、主演女優と監督が険悪な関係の現場は大変だったようです(助けてニコルソン)。しかし、この作品で中谷美紀は主演女優賞に輝きました。まぁ、この映画は俳優の演技もですが、中島監督のスタイリッシュな画像と遊び心がボクには強く印象に残りました。

刑務所を舞台にしたダークなミュージカルというと『シカゴ』（ロブ・マーシャル監督）がありましたが、女優たちの肉体がセクシーな『シカゴ』と比べると、清潔感と透明感がある中谷美紀はセクシー度がイマイチですが、こんな生真面目で不器用な生き方しかできない松子に適役でした。とにかく、物語からエロスを感じるので具体的な濃厚セクシー場面がなくてもイマジネーションをかき立てられる作品です。自分が経験できない成功や失敗、エロスやＳＭも疑似体験させてくれるのがドラマの醍醐味でしょう。空想の中の人物がどんどん不幸になるのも観客には蜜の味です。

マレーナ

2000年製作・イタリア、アメリカ

MALENA

ジュゼッペ・トルナトーレ監督・脚本
モニカ・ベルッチ、ジュゼッペ・スルファーロ出演

性に目覚める頃、美しい人妻に憧れた少年
過ぎし日へのノスタルジーをかきたてる
ベタな話のベタさがたまらない

戦争で家族を失い、売春婦に堕ちていく美しい女。その姿を遠目に見ながら性に目覚めていく少年。巨匠F・フェリーニ亡き後、イタリア映画界を牽引するジュゼッペ・トルナトーレ監督（『ニュー・シネマ・パラダイス』『海の上のピアニスト』）が、悲しい話を喜劇タッチでノスタルジックに描いた映画です。

第二次世界大戦中のシチリア島。12歳のレナート少年（ジュゼッペ・スルファーロ）は、夫が出征中の若妻マレーナ（モニカ・ベルッチ）の成熟した姿を見た瞬間、股間がモッコリ。その日から、レナートの頭はマレーナのことでいっぱい。自分は物語のヒーローに変身し、マレーナと愛し合う場面を妄想してオナニーに耽ります。ベッドがギシギシ鳴る音で目を覚ました父親が、「カキ過ぎると目がつぶれるぞ」と怒鳴ると、もう夢の中は盲目になったレナートがマレーナに慰められる場面に変わります（早っ）。遂にはマレーナの家に忍び込んで覗き見するわ、下着を盗むわ、子供とは言え既に情熱的なイタリアンです（というか、ストーカーだ）。

盗んだパンティーをズリネタにオナニーをするシーンは大笑いです。ベッドのスプリングに油を点して準備を整え、至福のときを迎えます。朝、父親は黒いパンティーを頭に被って寝ているレナートを見てビックリ。「恥知らず！色ボケ！フェチ！変態！」と怒鳴ってシバキあげると驚いた家族が飛んで来る。「フランスの帽子だよ」とボケても（その言い逃れはマスゾエ元都知事でも無理）、「何て子なの！薄汚い！親不孝者」と母親にもシバかれ、哀れにもパンティーは燃やされてトイレへ捨てられます。

マレーナにも次々と不幸が訪れ、夫の戦死の報に続き、父親が家を爆撃されて死亡。おまけに、町の住人はひどい連中ばかりで、男たちはマレーナを一発ヤルＳＥＸの対象としか見ておらず、女たちは嫉妬の色眼鏡で見て淫らな噂をまき散らす。美しさが仇となって、まともな就職ができず、生活に困ったマレーナはイタリア軍の中尉や好色弁護士に弄ばれて、とうとう軍人相手の売春婦になってしまいます。

レナートはドイツ兵と交わるマレーナの痴態を想像して半病人になるが、父親の対処がおもしろい。悪魔が憑いたと祈祷師を頼む母親に「いい加減にしろ！一発ヤラセテやればいいんだ」とレナートを娼婦館へ連れて行きます。相手が決まるまでの様子を物陰から心配そうに見守り、マレーナ似の女の部屋に入るレナートに「さぁ、行け」と声をかける父。口うるさいだけではなく、男親ならではの思いやりが伝わってくるいい場面です。

戦争が終わってもマレーナの不幸は続きます。ドイツ軍がいなくなると、マレーナに女たち（主婦族）の復讐の鉾先が向けられ、広場で裸にされてリンチされます。殴られ髪を切り取られる修羅場を、男たちは無言でただ見ているだけ。目立つもの、弱いものが標的にされるイジメの構図が思い浮かんでしまいます。不愉快な場面ですが、美しいマレーナの被虐の表情には、そそられました。

ピンときた場面だけを挙げましたが、物語はベタな展開のベタドラマです。でも、そのどこか見覚えのあるベタさに郷愁をかきたてられます。程度の違いはあれ、似たことがあったなと。男の子なら世界共通、身に覚えがあることばかり。おかげでボクも小学生頃のちょっと恥ずかしい過去、悪ガキ仲間で女風呂を覗き見して見つかり、お湯を浴びせられたこと、そんな時代もあったねと思い出しました。

マレーナ

屋根裏の散歩者

1992年製作・日本

YANEURA NO SANPOSYA

実相寺昭雄監督
三上博史、嶋田久作、宮崎ますみ出演

変態心理を描き込んだ江戸川乱歩初期の傑作
覗き見される下宿人のさまざまな性癖がおもしろい
実相寺監督版は犯罪心理よりもエロス重視

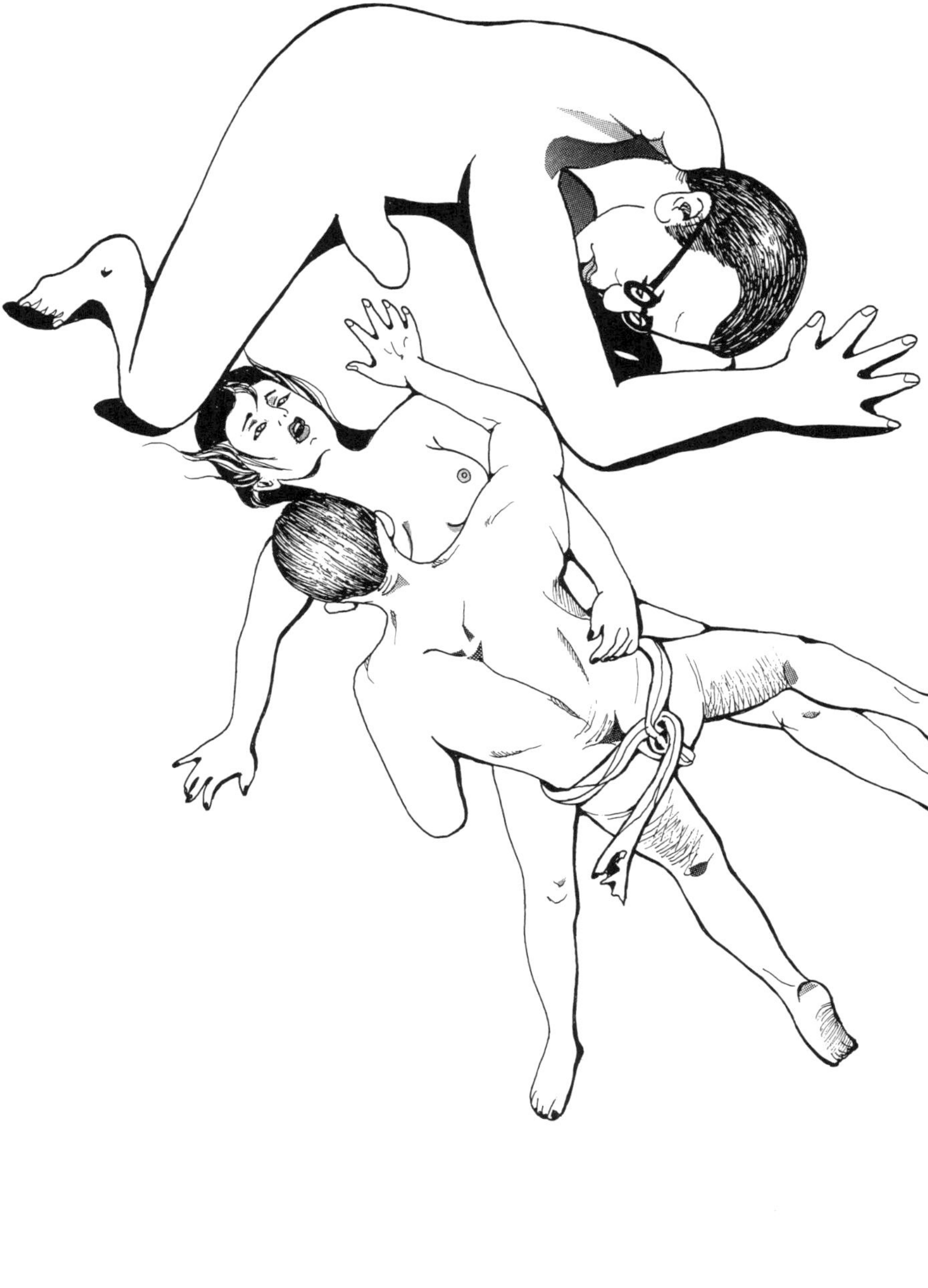

今では嘘みたいな話ですが、ミステリー小説は外国ではインテリ層の知的娯楽読物でしたが、昭和中頃までの日本では変態趣味の人が好むアブナイ読物と認識されていました。それは、日本推理小説創成期の巨人・江戸川乱歩がタブーの同性愛、女装癖、SM、獣姦、畸形、近親相姦などを物語の背景に塗り込めたアンモラルな作品を描いていた影響が大きいようです。分かる人には分かる暗示的表現でしたが、変態SM的なものに市民権がない頃ですから、奇怪・異常なものに興味をそそられる猟奇の徒に熱狂的に支持される反面、「子供や健全な社会人の読物ではない」との烙印を押されてしまったようです。

しかし、世間様に何と言われようと自分の趣味を貫いた作品の生命力は強力です。ミステリーの要のトリックは社会生活の変化によって古びてしまっても、この乱歩が書き込んだ変態心理は不変です。時代を超える永遠の命が乱歩作品には宿っています。

という訳で、これは何度も映像ドラマ化されている乱歩初期の代表作「屋根裏の散歩者」。日活ロマンポルノで'76年製作の『江戸川乱歩猟奇館・屋根裏の散歩者』(田中登監督)も名作の誉れ高い作品ですが、今回紹介するのは映像の魔術師・実相寺昭雄監督の『屋根裏の散歩者』です。実相寺監督には『D坂の殺人事件』('98年)もありますが、これはその6年前に映像化した作品で、エロス度はこちらの方が高いです。ちなみに両作品共に名探偵・明智小五郎役を嶋田久作が演じています。

物語は1920年代の中頃、日常生活に退屈した郷田(三上博史)は下宿屋の屋根裏を徘徊し、他人のプライバシーを覗き見することに快楽を感じて、やがて天井裏から毒薬を落として知人(六平直政)殺害を計画します。この大筋は原作通りですが、覗き見される

屋根裏の散歩者

住人の私生活が大幅に変更され、そこに実相寺監督のエロスパワーが全開しています。

列記すると、劇作家の奈々子（加賀恵子）は複数の下宿人たちとフリーSEX状態で、執筆の合間に全裸でSEXをくり広げ、おまけに放尿、フェラ、電球挿入（ナニをするの？）と大活躍。この下宿屋に妾を囲っている弁護士（寺田農）は妾を緊縛してエロ絵を描いたり、切腹の擬態写真を撮ったり、さまざまなSMプレイを堪能中。下宿屋に雇われている少女は住人の小銭を盗む癖があり、妾とはレズな関係。バイオリンを弾く令嬢（宮崎ますみ）は精神病者。郷田は覗き見癖に女装癖もありと、いやはや多士済々（変態さんいらっしゃーい）な下宿屋です。

中でも、本筋とは関係ないので、セリフが一言もない（出番も少ない）が存在感のあるSM好きの弁護士先生にボクは惹かれました。妾の身体に残るローソク責めの傷跡を見た盗癖少女が「旦那さんはひどい人？」と聞くと、妾は「やさしい人よ」と答えます。妾と同い歳の娘がいて、孫が産まれたことを喜ぶ普通の家庭人の一面も持ち、妾をモデルに描くSM画はプロ級の腕前、女性切腹写真の愛好者で妾にモデルをさせて写真も撮ったりします。昭和中期にSMアブノーマルの教科書と謳われ一時代を画した雑誌「奇譚クラブ」を先取りしたような人かとお見受けしました。紳士然とした理知的な風貌はSM道を極めんとする求道者のようにも見えます。「ボクを弟子にして下さい、師匠」とか「兄サン、パイセン」と思わず言ってしまいそうな魅力的なキャラでした。

アスファルト・ジャングル

1950年製作・アメリカ

WHILE THE CITY SLEEPS

ジョン・ヒューストン監督・脚本
サム・ジャフェ、マリリン・モンロー出演

寺山修司の文章を読んで猛烈に観たくなった映画
しかし、文は映画と微妙に違っていて
映画は秘められた性癖部分が興味深い

「一人の犯罪者が国境まで逃げのびてくる。国境を越えればもう安全だ。彼は国境にあるドラッグストアで一休みしてコーヒーを一杯飲む。ドアをあけて出てゆけば、外はもう自由の天地である。コーヒーを飲み終わって、彼はふと傍らのジュークボックスに目をとめる。なつかしい曲が入っているのだ。彼は十セントを投げ込んでその一曲のレコードに耳をかたむける。空は晴れて、国境の空に鳥がさえずっている。人を殺してまで手に入れた金は、もうこれから一生分位の生活と遊興費にあてても余りあるだろう。彼はその一曲を心に沁みる想いで聞いている。やがて曲が終わって彼は立上がる。すると彼のすぐ傍らに手錠をもった刑事が立っているのだ。彼は自由を目前にして逮捕され、もう二度と陽の目を見られぬコンクリートの塀の中に連れられて行く…。ドアの前で、彼は立止まって店のバーテンに聞く。『このレコード一曲は、何分かかったかね？』するとバーテンが答える。『三分半ぐらいですよ。』―これは私の大好きだったジョン・ヒューストンのギャング映画『アスファルト・ジャングル』のラストシーンである。」(寺山修司「三分三〇秒の賭博」より)

子供の頃、詩人で演劇・映画分野でも多才に活動した寺山修司の文章を読んで、ボクは猛烈にこの映画を観たくなりました。しかし、旧い映画なのでなかなか機会がなく、後年やっと観たとき、寺山の文からのイメージとの違いに面喰らいました。

映画は、ある地方都市に〝教授〟と呼ばれる初老の知能犯（サム・ジャフェ）が訪ねて来ます。刑務所を出たばかりの彼は宝石店強盗を計画してスポンサーを探し、競馬のノミ屋を介して裏社会の大物悪徳弁護士（ルイス・カルハーン）の協力を獲得します。金庫破り、運転手、用心棒の３人のプロを集めて宝石強盗を成功させますが、実は破産の瀬戸際だった悪徳弁護士が横取りを企み、そこから全員が破滅の道へ転げ落ちて行きます。
寺山修司の文は、教授が警察の包囲網を潜って街から脱出する場面を記していますが、映画の空は晴れてはない（夜）、国境でもない（町はずれ）。最も違うのは、教授は曲を聞きたいのではなくジュークボックスの前で踊る若い娘に見惚れて、タクシー運転手が「長居し過ぎだよ」と言っても「時間はたっぷりあるさ」と動かず、店を出てから捕まり、警官に「いつからここに」と聞くと「2、3分前だ」と言われ「レコード1曲分の長さですな」とつぶやきます。まだこれがラストシーンでもなくて、もう一人の主役のタフガイ用心棒（スターリング・ヘイドン）のエピソードを経て終ります。

改めて感心するのは、元ネタを微妙にひねった寺山の言葉の巧さ、おもしろさ。この文は競馬に話を振るための枕で、映画に含まれたセクシャル部分は余分と意識的に省略して寺山修司妄想ワールドに変わっていたのです。映画は教授の秘めたエロ心が興味深く、紳士然としていて気づきにくいですが、お色気カレンダーをそっと見たり、大金を得て若い娘と遊びたいと言ったり（むっつりスケベ？）、少女が活き活きと踊る姿を見つめる初老男の頭にどんな妄想が詰まっていたのか、満たされず過ぎた青春への渇望か、ロリコンか、表情から読み取れる特殊な性癖は？　この演技でベネチア映画祭はサム・ジャフェに主演賞を与えました。もう一人の初老男（悪徳弁護士）は愛人を囲っていて、老妻は病身寝たきり、やはりＳＥＸが不満で若い女の肉体に溺れていったのか。愛人役は当時無名のマリリン・モンロー（可愛い）、まぁモンローなら男がゲス不倫に走っても仕方ないと思いますが……。

大地の子守歌

1976年製作・日本

DAICHI NO KOMORIUTA

増村保造監督
原田美枝子、岡田英次、梶芽衣子出演

おちょろ舟は瀬戸内の船員相手の遊女が乗る舟
少女売春婦の過酷な運命を
17歳の巨乳ヌードで原田美枝子が熱演

増村保造監督作品だから（もし失敗作でも損はないと）予備知識なく観ていると、お遍路さんが登場、それから〝昭和7年四国石鎚山〟の字幕、これは愛媛の話か？ おちょろ舟（瀬戸内海で潮待ち・風待ち中の船乗りの相手をした売春婦の舟）も登場する。おちょろ舟は以前に編集で関わった本で知っていたし、ちょうどボクが、お遍路さんのイラストをシャッターに描いたり、石鎚山の本を装丁したり、石鎚天狗のイラストを描いていた時期にこの映画と出会ったので、これはシンクロか？と、一気に興味が湧きました。

おりん（原田美枝子）は13歳、怒ると男の子のように「何するんじゃ、バカたれが」と相手かまわず殴りかかる野性的な少女。石鎚山中で婆と暮らしていたが、婆が死ぬと女衒が来て「奉公すれば婆の墓が立つ、米の飯や刺身が食べられる」と誘われ、「一度、青い大きな海を見たいんじゃ」と山から下りる。だまされて売られた瀬戸内海の御手洗島（広島県大崎下島）の女郎屋でも暴れて、折檻を受けても反抗的な態度を改めない。しかし、早く借金を返せば山に帰れると思い直してガムシャラに働き出す。沖に停泊中の船員を相手にする女郎を運ぶ〝おちょろ舟〟の漕ぎ手に志願し、悪天候でも海へ漕ぎ出る根性に周囲から一目置かれるようになる。やがて初潮を迎えると、女郎売春をさせられるようになるが、髪を男のように短く切ったり、先輩女郎とケンカをしたり、ツッパリ精神は変らない。無理がたたって、おりんは16歳で失明し、島からの逃亡を決意します。

おりんの上客、金持ちの清助ジイサン（加藤茂雄）はワンシーンしか登場しませんがちょっと興味を惹かれました。りんが「客の機嫌もとらん、世辞も言わん、いつもケンカしとる女のどこがええんじゃ」と聞くと、「女郎は辛い商売じゃけん、客の前じゃいうて、いつも笑うとることはないけんの、怒りたかったら怒ったらええ」と言います。おりんが食膳の杯を投げ、皿を割って怒りを発散させるのを「気の済むまでやれ、もっとやれ」と目を細めて楽しそうに見物しています。「その正直なとこが気に入っとんじゃが」と、若さゆえのヒステリックで乱暴な行動を容認し共感する清助さん。ロリコンとは一味違う清助さんのSEX面はどうなのかと気になります。そんな優しい清助さんからの身請話を、おりんは「老いぼれの囲いものになる気はないんじゃ。誰の世話にもならん、助けもいらん、独りで生きるんじゃ」と拒絶します。

邦画には珍しいツッパリ少女ヒロインを文字どおりの体当たりで熱演した原田美枝子。後には静かで落ち着いた妻や母に扮する演技派大女優の原田美枝子しか知らない人は、別人と思うでしょう。撮影時は17歳で、出し惜しまないピチピチの巨乳ヌードとぶっきらぼうに怒鳴っているような素人っぽいセリフ回し、それが実にフレッシュで目が離せません。ひねくれた強情さの中にふと女の弱さや幼さを見せる場面がたまらなく良いのです。逃亡を手助けする男（岡田英次）に「旦那さん、ありがとう。ただで10円はもらえません。盲の、おりんの、この気持ち受け取って下さい」と着物を脱ぐ場面も良いです。

とにかく原田美枝子のこの映画をグイグイ引っぱっていくパワーは、同時期に注目されて少女スターから大女優になっていった大竹しのぶ、先行の桃井かおり、秋吉久美子たちに比べても一際熱いものを感じます。この作品と『青春の殺人者』（長谷川和彦監督）でまだ新人ながらも'76年度のキネマ旬報主演女優賞を獲得した快挙は当然のことと納得できました。

大地の子守歌

シュウシュウの季節

1998年製作・アメリカ

天浴　XIUXIU THE SENT DOWN GIRL

ジョアン・チェン監督・脚本
ルールー、ロプサン出演

「たまらない、突きまくってやるぞ」と迫る男たち
過酷な農村からの帰還許可を得るために男と寝る少女
性器を切られた中年男が少女に捧げるマゾ的献身愛

中国の指導者・毛沢東の思想を実践した政治的社会運動（文化大革命）の末端で使い捨てにされた美少女と性器を失った中年男の悲しい物語です。

文化大革命の時代（'66～'76年）は学生たちに長期間農村で勤労奉仕をさせる下放政策を行なっていました。'75年に四川省の街の少女シュウシュウは家族と離されて、学友たちとチベット高原に連なる田舎町のミルク工場に送られます。1年後、彼女の働きぶりを認めた党本部は放牧を習わせるため、高原で独り暮らしをしている38歳のチベット人ラオジンのテントに派遣します。男と女がひとつのテントで暮らすことをシュウシュウは嫌がりますが、20年前の村と村の争いでラオジンが捕えられて男性器を切り取られたことは有名で、だからSEX面の問題は起きないと党本部は思っているようです。

ここでは水は遠くの川まで汲みに行かねばならない貴重品です。当然風呂などなく、小さな金ダライに水を溜めて身体を拭くのが精一杯です。無骨で口下手だが心優しいラオジンは、清潔好きなシュウシュウのために野外に即席の天日風呂を作り、彼女を和ませます。彼女の帰還を許す指令は半年を過ぎても届かず、本部の方針変更で彼女の隊が既に消滅していることを行商人から聞きます。帰還の許可証がなければ、家には帰れず、就職もできません。彼女は本部とコネがあると言う行商人にだまされて身体を許します。それからは行商人の手引で許可証をエサにSEX目的のスケベ男たちが「たまらない、突きまくってやるぞ」と、馬車やバイク、トラクターに乗ってテントにやって来ます。ラオジンはそれを悲しげに見守るだけです。やがて彼女は妊娠します。ラオジンが町の病院へ連れて行くと、誰とでも寝る娘の噂が広まっていて冷たく扱われます。病室へ押しかける男もいる始末で、帰還の許可を得るために自ら足を撃って不具者になった男と〝思想的交流〟をしたシュウシュウは自分も足を撃とうとしますが、怖くて撃てません。ラオジンは、もうシュウシュウが苦しまないようにと思い…。

　澄んだ青い空、悠々と流れる白い雲、広大な緑の平原、この世と思えない美しい風景と無垢な少女を蝕む醜悪な人間とのコントラストが一層悲哀感をかき立てます。シュウシュウが男とＳＥＸした後に身体を清める水を求めると、ラオジンは馬を駆って水を汲みに行きます。彼女を愛しながら〝男〟として踏み込めないラオジンのマゾ的献身愛が切なく、悲しい結末には気分が落ち込みます。前に紹介した『武士道残酷物語』('63年、今井正監督)、殿様の妾とＳＥＸした侍が去勢され、ＳＥＸできない身体にされてから妾と結婚させられたのを思い出しました。原作者は、'89年に出版した小説が中国政府の逆鱗に触れてアメリカへ逃亡した女性作家ですから、この〝文革残酷物語〟も下放政策の実話(恥部)なのでしょう。監督で脚本も手がけているジョアン・チェンは『ラストエンペラー』('87年、ベルナルド・ベルトルッチ監督)に出演した演技派美人女優です。若かったら自分が演じたであろうシュウシュウ役に自分と面影が似た少女を抜擢しています。

　不思議なのは、街にいた頃にシュウシュウを恋していた男友だちが物語の語り手であること。実家のコネを使って街に残った彼が、どうしてその後の彼女の行動を詳細に語れるのか？　彼は「彼女の人生は短かった。だが、僕がこうして書き続ける限り、彼女は生き続ける」とノーテンキな甘い言葉で締めくくりますが、この上から目線のおぼっちゃま一体アンタ何様。

赤い天使

1966年製作・日本

AKAI TENSI

増村保造監督
若尾文子、芦田伸介、川津祐介出演

従軍看護婦は過酷な戦場の愛の天使
若尾文子にコスプレさせて、あんなことこんなこと
いちばん楽しんでいるのは増村監督か？

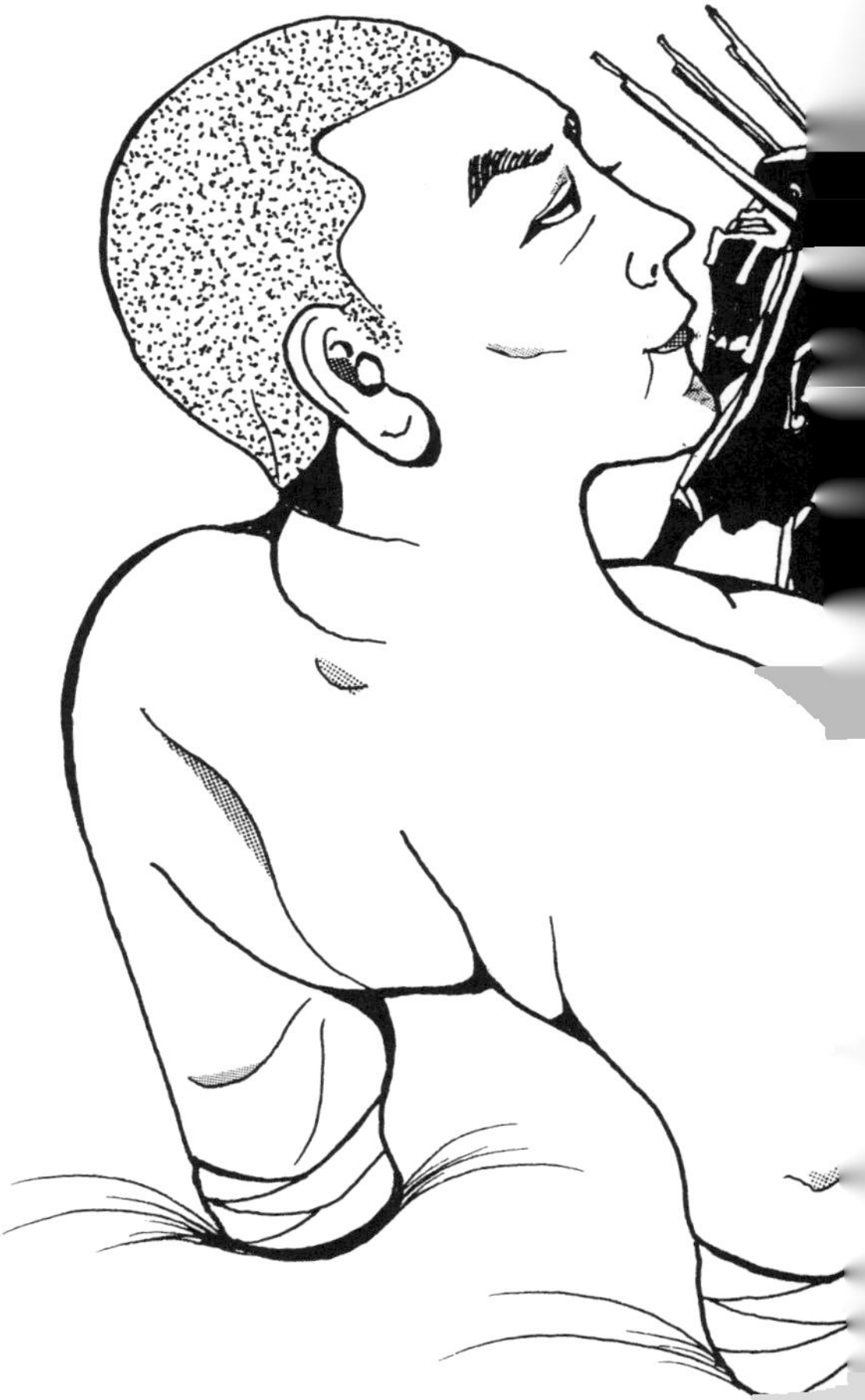

増村保造監督と若尾文子の名コンビ作『刺青』（以前紹介済）の次の映画です。戦後20年が過ぎた時期（'66年）、増村監督は『兵隊やくざ』『清作の妻』『陸軍中野学校』など、戦争が背景にある物語に取り組み、江戸時代の悪女を浮世絵調の極彩色で描いた『刺青』から一転して、日中戦争時の過酷な従軍看護婦（『兵隊やくざ』の有馬頼義原作）をモノクロ画面に生々しく描いています。

看護婦・西さくら（若尾文子）は赴任した中国・天津の陸軍病院で、深夜の巡回中に入院兵士に集団レイプされます。後に、その主犯の男と前線の野戦病院で再会し、心優しい西は重傷を負った男を救うため、「手当てしてもムダ」と言う岡部軍医（芦田伸介）の一夜妻になるのを条件に手術をしてもらいます。しかし、その甲斐もなく男は死亡。次に出会うのが両腕を失った若い兵士・折原（川津祐介）。国民がその変わり果てた姿を見て、反戦気分が高まるのを懸念した軍は、彼を除隊させず病院に閉じ込めています。排泄も性欲処理も自分でできない折原を看護し、同情した西は彼を街のホテルに連れ出しSEXをします。しかし、将来を悲観した折原は、西に感謝しながら投身自殺します。やがて西は亡き父親似の岡部軍医を恋するようになりますが、岡部は戦場で医者らしい治療ができないストレスから薬物中毒になり、男性の役目を果たせなくなっていました。岡部の回復を願う西は一緒に前線に出て、伝染病が発生した村で敵軍の攻撃に遭い、死を目前にした岡部と激しく結ばれます。

とにかく野戦病院の描写が衝撃的です。市場の魚のように並べた負傷兵を軍医が即座に「死亡」、「弾丸摘出」、「切断」と診断、手足をバッサバッサ切り落として、凄まじい数の手足が大壺に投げ込まれます。戦争体験している人が現役時代の作品だから実にリアルです。市民に悪影響を与えるとかで戦場の実態が茶の間に報道されなくなった時代ですが、こういうのを見たら誰もが反戦・厭戦気分が湧いて平和の大切さを痛感するはずです。それが戦争で懐を肥やす権力者には悪影響ということでしょうか？

不謹慎にも笑ってしまう場面があります。両腕の無い折原は「身体を触って」と西に訴え、手コキ治療を要求（まぁ、仕方ないか）、「キスして」（ちょっと図々しい）、「手を失くしたら、足の指が敏感になって…足を入れさせて」（そうくるか、不具合をアピールして欠損フェチにモテまくりの人も実際いたな）。それと、薬の禁断症状が出た岡部を縛って耐えさせる場面。「もう男じゃない」とあきらめモードの岡部を「大丈夫です、必ず」とカキ立たせます（テクニシャンだ）。そして岡部は西に自分の軍服を着せて、西上官の無茶ブリ命令に何事も服従するコスプレ上官様ごっこに興じます（こいつも変態か）。若尾様にあれこれさせて楽しんでいる増村監督の姿が画面の後ろから透けて見えるようです。

名コンビと呼ばれても俳優と監督の関係はさまざま、フェチぶりがキモイと陰で主演女優に嫌がられていたヒッチコック監督の例もあります。撮影現場で時に俳優を追い詰めるドSぶりを発揮した増村監督と若尾文子の関係はどうだったのでしょう。後に大建築家夫人の座に納まった若尾文子様から「若い時の映画は見たくない」発言があり、20本もコンビを組んだ増村監督作品がそこに含まれてなければいいが、増村監督のミューズへのノメリコミが若尾様にキモイと嫌われていないか、他人事ながらちょっと心配になりました。さらに時を経た若尾様が「若い時の映画」を愛おしく思うように願わずにいられません。

赤い天使

ブラックブック

2006年製作・オランダ、ドイツ、イギリス、ベルギー

BLACKBOOK

ポール・ヴァーホーヴェン監督・脚本
カリス・ファン・ハウテン、セバスチャン・コッホ出演

ナチスと闘う美しきユダヤ人女性の物語
変態監督が社会派に変身かと思ったら
今回は糞尿〝ぶっかけ〟ヴァーホーヴェン（便）

シャロン・ストーンがノーパンで足を組み替える『氷の微笑』('92年)、過激ストリップが売りの『ショーガール』('95年)、女性の寝室に忍び込む透明人間登場の『インビジブル』('00年)など、変態チックな娯楽作品を撮ってハリウッドで成功したポール・ヴァーホーヴェン監督です。そんな彼がナチス軍占領下のオランダでレジスタンス活動に身を投じたユダヤ人女性の物語を企画。ハリウッドに干渉されたくないと23年ぶりに故国オランダに帰って製作した映画で、今回は重厚なタッチの社会派監督に看板替えかと思いきや、やっぱり変態監督の呼び名を裏切らない〝ぶっかけ〟を用意していました。

第二次世界大戦末期、ナチス軍占領下のオランダ。美人歌手のラヘル(カリス・ファン・ハウテン)はユダヤ人狩りから逃れ、脱出斡旋者の手引きで安全地域に向いますが、待ち伏せた軍隊に同胞、家族(両親、弟、男友だち)を殺され全財産を奪われます。生き残ったラヘルはレジスタンスに助けられ、彼らの抵抗活動に加わり、捕まった仲間を救出するため、ナチス情報部の実力者ムンツェ大尉(セバスチャン・コッホ)の愛人になります。ムンツェも家族全員を爆撃で失った戦争犠牲者でラヘルは優しい彼の人柄を知って本気で愛するようになります。そして、情報部内でムンツェと対立しているフランケン中尉がラヘルの家族を殺した首謀者で、レジスタンス内の裏切り者と謀ってユダヤ人の財産を奪い、私腹を肥やしていることを知ります。しかし、フランケンは部屋に仕込まれた盗聴マイクを逆用して、レジスタンスにラヘルが裏切り者と思わせ、ラヘルは敵と味方の双方から逃げなければならなくなってしまいます。仲間内の本当の裏切り者はレジスタンスのリーダーのヘルベン?公証人スマール?恋人で射撃名人の英雄ハンス?一体誰なのか。

サスペンスたっぷりで結末まで目が離せない映画です。落ち着いて考えれば疑問に思う箇所も快調なテンポで駆け抜けて、ツッ込む隙を見せません。さすがはおもしろがらせてナンボの作品を撮り続けたヴァーホーヴェン監督。お下品監督の面目躍如たる場面もちゃんと用意してあります。

ラヘルはユダヤ人と疑われないように髪を金髪に染め、ご丁寧に下の毛も金髪にしますが、その最中に「しみるわ、ヒリヒリする」と跳びはねていると、元医師でもあるハンスが「診てあげようか？」と迫ってSEXに至ります。どうしてもムンツェより先に頂きたかったようです（僅差で兄になる穴兄弟）。ムンツェはフェラをするラヘルの頭頂を見下ろし「染めているな」と見破ります。「だったら何？これはユダヤ？」と開き直ったラヘルが下の金毛を披露すると、ムンツェは「完璧主義者だな」と感嘆の一声（マジメな顔で笑わせますわ）。ラヘルがSEX後に婦人トイレでオシッコをしていると、フランケンもオシッコしに来ます、チンチン露出全裸で。今回はそっち系かと予感したら、後半にとんでもない〝ぶっかけ〟がありました。終戦後、ナチス軍に協力した者たちを収容している施設にラヘルも捕らわれます。集団リンチでラヘルは裸にされ頭上から大きなドラム缶に溜めている排泄物を〝ぶっかけ〟られます。滝のように降りそそぐ糞尿、滝行ならぬウン行、さすがヴァーホーヴェン（映画は臭いがないので助かります）。「汚れたナチの売女め、臭くてたまんねぇや、腐ったアバズレめ」とそれをおもしろがって嘲る人々。虐められていた者たちが立場を替われば五十歩百歩の虐めをしてしまう、人の心の醜悪さを見せつけられる場面でした。

ブラックブック

大奥浮世風呂

1977年製作・日本

OUOKU UKIYO BURO

関本郁夫監督
松田英子、志賀勝、菅貫太郎出演

インポになった将軍の男性機能を回復させるために
大奥にソープランドが出現
〝異常性愛シリーズ〟が思い出されるエロ時代劇

'05年にお亡くなりになった石井輝男監督（81歳）は猥々シネマ快館の常連様です。石井監督の〝異常性愛シリーズ〟は、お体裁社会が眉をひそめる最低のテーマ（エロ・グロ）を最上のテクニックで描いた傑作群です。その流れを汲むような、ハチャメチャ危なくてキラリと光る作品を求めて、今回は『大奥浮世風呂』（'77年）を紹介します。

この映画は〝異常性愛シリーズ〟が作られた頃から10年後、同じく東映で女番長シリーズを撮った新鋭・関本郁夫監督の手で製作されました。関本監督は石井監督の弟子ではないですが、以後、大奥物、団鬼六が原作のSM物、極妻任侠物などを手がけて、活動屋魂あふれる監督になっていった軌跡は石井監督と重なるものがあります。

徳川4代将軍・家綱（菅貫太郎）の時代。最下層の民・おこよ（松田英子）は野望を胸に秘め、将軍の妾・粂村に仕えて大奥に入ります。おこよの悪友・全次郎（志賀勝）は武家の妻と姦通し、逃げ込んだ将軍家ゆかりの寺で住職と美男僧・法丹のホモ現場に遭遇。法丹と組んで住職を殺し、全次郎は僧侶・柳全と名を変えます。将軍の寵愛をライバルの初瀬に奪われた粂村は寺住職になった法丹を相手に欲求不満を発散させ、再会したおことと柳全はそれを覗き見てSEXします。柳全はおこよに頼まれて大奥に忍び込んで厠（トイレ）に隠れ、初瀬を驚かせて流産させます。粂村の喜びもつかの間、将軍がインポになり、おこよの提案で機能回復のために浮世風呂（ソープランド）が大奥に造られます。マットプレイ泡踊りに有頂天になった将軍は、おこよを愛妾にして妊娠させます(実は柳全の子)。しかし難産で、おこよは世継ぎを産んで死亡。柳全は浮世風呂でプレイ中の将軍に近づき、将軍のチ○ポを斬り取ります。

大奥浮世風呂

予想どおりというか、『愛のコリーダ』（'76年）で話題になった本番女優・松田英子の主演だから首絞めSEX、チ○ポ斬りがあるのはお約束。しかし、そこは松田ではなく他の人に振って微妙にハズしているのがおもしろい。東映作品だからエロでも衣装やセットはしっかり豪華で綺麗です。そこにグロテスクな場面が突然ぶち込まれるのがシュールな感じ。切り取って道に捨てた将軍のチ○ポをカラスが食べたり、何度も登場するトイレ場面（ポッチャン汲み取り式）で内に潜んだ柳全の頭に排泄物が落ちてきたり、口ひげと眉毛そり落としの極悪人顔がトレードマークの志賀勝が女装したり（それはダメよ）、下ネタでアクの強いギャグ。そんな所が〝異常性愛シリーズ〟の熱気を思い出させる作品です。さらに将軍役の菅貫太郎、この人は〝映像の刺客〟工藤栄一監督の集団抗争時代劇『十三人の刺客』や『十一人の侍』の偏執狂の悪バカ殿が印象強烈、暴君はハマリ役でした。ちなみに『十三人の刺客』リメイク版（'10年、三池崇史監督）では稲垣吾郎がこの最凶暴君を演じて超怪演（好演）しています。

おまけのウンチ、いやウンチク。ソープランドは'80年代中頃にトルコ人が猛抗議するまでトルコ風呂、その前は○○温泉と呼ばれていました。多くの人はこのサービス業を戦後の産物と思っていますが、元祖は徳川家康が江戸を開いた頃に出現しました。単身赴任の男性で溢れる江戸の町のソープ嬢＝湯女《ゆな》、身体《ボディ》洗いと接待が売りで湯女風呂と呼ばれ、一時は吉原遊郭を凌ぐ繁盛をしたそうです。だから歴史に沿った題名をこの映画につけると『大奥湯女風呂』、あるいは製作された'70年代なら『トルコ大奥』（店名みたい）かな。

スタンドアップ

2005年製作・アメリカ

NORTH COUNTRY

ニキ・カーロ監督
シャーリーズ・セロン、フランシス・マクドーマンド出演

「アソコを触られたいんだろ」と言って迫る男性同僚
卑猥な落書きをする、胸に触る、セクハラやり放題
抗議すれば「嫌なら会社辞めていいよ」

FUCK

『モンスター』での凄まじい不細工メークで、このまま不美人路線定着かと心配したシャーリーズ・セロンが美しい顔に戻った『スタンドアップ』。しかし、これは実話を基にした社会派の問題作でヌードやボディライン露出は封印しています。ブス顔で脱いだセロンと美人顔で脱がないセロン、あなたはどっちがいいですか？

原題に沿えば「北の国から・セクハラ編」ですね。ジョージー（S・セロン）はDV亭主から逃れ、2人の子供を連れて北国の故郷ミネソタへ帰って来ます。ジョージーは高校生のとき、父親不明の長男を出産、それが原因で両親と仲違いをしていました。自分で稼いで子供を育てるため、3K職場だが給料の良い鉱山会社で働く決心をするが、そこは偏狭な男社会で女性を差別している会社でした。入社前には妊娠や病気のチェックで性器まで検査をされます。それも男の医者が対面でするのだから驚きです（昔の徴兵検査か）。入社したら上司は「医者がいい身体をしていると言っていた」と物欲しげに見て（こりゃヒクわ）、男たちのセクハラは、壁に卑猥な落書きをしたり、女性の弁当箱に男性器のオモチャを入れたり、「持ち物検査だ」と胸に触ったり、中坊並のレベルの低さです。同僚で高校時代クラスメートだったボビーには「アソコを触られたいんだろ」と迫られ、上司にセクハラを抗議すると「男は女に迫るもの。おイタが過ぎたら手をピシャッと叩けば終る」と言われ、さらに上の社長は「それが嫌なら、辞めてもらう」と言う始末。ボビーは妻には逆に誘惑されて困っていると話していて、満座の中でジョージーは妻に「泥棒猫！亭主に手を出すな」と罵られ、子供もイジメにあいます。男達の嫌がらせはエスカレートし、女性が使用中の簡易トイレを倒す、壁にウ○コで落書きをする、ロッカーにザーメン飛ばす（あまりのゲスぶりに男のボクでも腹が立つ）。ジョージーも堪忍袋の緒が切れて会社を訴えるが、男どころか女の同僚たちも職を失うのを怖れて味方してくれません。仲間に嫌われ、親に嫌われ、長男にも嫌われ、ジョージーは孤立無援の裁判闘争を余儀なくされます。この実際の裁判は１９８４年に起こされ'98年に決着したそうですから、そんなに昔の話ではありません。人権にうるさいアメリカでこの有り様はビックリです。

ボビーの応援団と化した会社の集会、ジョージーが壇上に立つと「オッパイ見せろ」「マイクよりナニを握れ」のヤジ攻撃で抗議が封殺されようとしたとき、娘と断絶していた同じ鉱山会社の父親が立ち上がり、「皆を仲間、家族と思ってきたが、ここに友はいない。誇れるのは娘だけだ」と援護します。何かとジョージーに反抗的な長男も、自分の出生に関する辛い事実を知り、ジョージーの深い愛が分かって気持ちがほぐれていきます。映画には父と娘、母と子、二種類の和解ドラマが組み込まれていて、ここは泣けます。

ゲス男ボビー役のジェレミー・レナー（実生活はセロンと親友）はこれ以後『ハート・ロッカー』('09年)、『ザ・タウン』('10年）で演技賞候補にもなり、アメコミヒーローやスパイ（M：Iシリーズ）も演じるスター俳優になっています。セロンの母役にシシ・スペイセク、女友達にフランシス・マクドーマンド、３人のアカデミー主演賞獲得女優の共演は、映画のテーマ「友のために立ち上がれ」そのままのようです。頼れる姐さんセロンはさらにその後『マッドマックス 怒りのデス・ロード』('15年、ジョージ・ミラー監督）では隻腕の女戦士に扮して、女を子産みの道具扱いしている武装集団の男どもと死闘を繰り広げ、ゲス男に天誅を下します。戦う女セロンは無敵、いや素敵です。

スタンドアップ

女囚701号さそり

1972年製作・日本

JYOSYU 701GOU SASORI

伊藤俊也監督
梶芽衣子、夏八木勲、渡辺文雄出演

梶芽衣子がヌードも辞せず挑んだ出世作
無口、無表情、目ヂカラで魅せる
ハードボイルド漫画から生まれたヒロイン

青年漫画誌「ビッグコミック」で篠原とおる作「さそり」の連載が始まったのは、学生運動の嵐も収まりかけた'70年。「ゴルゴ13」女性版というか、無表情で無口なハードボイルド・ヒロイン松島ナミが人気を集め、やがて映画化されました。伊藤俊也監督のデビュー作『女囚701号・さそり』は'72年に公開されると大ヒット、それまで伸び悩んでいた梶芽衣子はナミ役でスターの座に駆け上り、主題歌の「怨み節」も大ヒットしました。伊藤・梶コンビで'73年に『女囚さそり・第41雑居房』『女囚さそり・けもの部屋』が製作され、伊藤監督が降板後の『701号怨み節』を最後にナミ役も梶芽衣子から多岐川裕美、夏樹陽子と移り、90年代にVシネマで岡本夏生、斎藤陽子、小松千春に引き継がれました。そんな息の長い人気ヒロインですが、ボクは梶芽衣子版の第1作と第2作がお気に入りです。あのクエンティン・タランティーノ監督もファンで、『キル・ビル』('03年)で梶芽衣子にオマージュを捧げているのは有名な話です。

ナミ（梶芽衣子）は恋人の刑事（夏八木勲）に頼まれ、麻薬捜査の囮になってヤクザ組織に潜入しますが、正体を暴かれて集団レイプをされます。実は刑事とボスが裏で結託して利用されたと気づいたナミは刑事に刃を向け、殺人未遂の罪で刑務所に送られます。そこで冷酷な所長（渡辺文雄）と看守（室田日出男、沼田曜一）による閻魔落し（女囚達に一時も休ませず穴掘り作業をさせて身体と心を限界に追い込む懲罰）や女囚（横山リエ、三原葉子）の虐待に耐えながら復讐のチャンスを狙います。

1作目では、ここが勝負と腹をくくった梶芽衣子が、ヌードも辞せぬ体当たりの演技を披露。身体検査時の女囚の全裸行進、女囚に化けて探りに来た婦人警官をレズテクで虜にするナミ、看守達の懲罰リンチで警棒を股や口に突っ込まれるナミなど、エロスの見せ場は豊富です。女囚（三原葉子）が突然化け猫メイクになったり、照明で色を変えたり、床を透明のガラスにして真下から撮ったり、伊藤俊也監督のサイケデリックな映像美も注目です。

2作目になると梶芽衣子のヌードがなくなり、セリフも少なくなり（たった2回）、目で訴える目ヂカラが一段と強くなります。ジメジメした地下牢に手錠と足に鎖を巻かれて転がされたナミが、スプーンを口に咥え、その先を石に擦りつけて尖らせる姿には『羊たちの沈黙』（90年、ジョナサン・デミ監督）のレクター博士（アンソニー・ホプキンス）級の鬼気迫るものがあります。脱走する女囚群に白石加代子、賀川雪絵、伊佐山ひろ子ら個性の強い女優達が参加していて、後に〝小劇場の女王〟と呼ばれる白石加代子の狂気演技はケタ違い、特に印象が強烈です。伊藤監督の映像表現もさらに冴え渡り、滝が突然真っ赤な色に変わったり、家のセットを一気に壊したり、強風に舞う木の葉など歌舞伎調の様式美も取り込んでいます。7人の女囚がマントのように女囚服を靡かせて荒野を走る姿はまるでマカロニ西部劇、あるいは股旅時代劇〝木枯らし紋次郎〟風のカッコイイ映像です。

刑務所の所長に渡辺文雄、長官に戸浦六宏、看守に小松方正、大島渚監督作品に常連のインテリ曲者俳優たちが漫画チックな悪役顔で登場しています。小松方正は所長の渡辺文雄に「女囚達を辱めろ。一匹のメスに過ぎんことを思い知らせてやれ」と命令されて、石掘り作業場でストッキング被って顔を隠し、ナミを集団レイプする鬼畜看守役。オイシイ役かと思ったら、復讐されてチ○コを棒杭で突き潰されて殺されるなんて、トホホお気の毒でした。

マグダレンの祈り

2002年製作・イギリス・アイルランド

THE MAGDALEN SISTERS

ピーター・ミュラン監督・脚本
ノラ＝ジェーン・ヌーン、アンヌ＝マリー・ダフ出演

これは実話、中世の昔話じゃないことに驚きます
女性が女性に行なった酷いセクハラなど
マグダレン修道院の腐敗が暴かれた映画です

'02年のヴェネチア映画祭で金獅子賞を獲得した作品です。タイトルからキリスト教信仰を讃える宗教映画と思ったら大間違い。カトリック系修道院の腐敗が暴かれ、ヴァチカンが激怒して圧力をかけても真実は隠せず、上映禁止にできなかった映画です。

マグダレン修道院は、キリストに救われた娼婦マグダラのマリア伝説にちなんで、売春婦救済目的で19世紀アイルランドに建てられた施設です。しかし、次第に不幸な女性を救う施設から、服従を誓わせ無給の洗濯女として重労働をさせる（収益は教会の懐へ）、まるで刑務所か強制収容所に変貌しました。その実態が世に知られたのは１９９０年代で、'96年に廃止されるまで10ヵ所ほどの施設に延べ３万人の女性が収容されていたそうです。

映画の舞台は１９６４年のダブリンのマグダレン修道院。私生児を産んだばかりのローズ、従兄弟にレイプされた（被害者だよ）マーガレット、男の目を引くからと孤児院から転送されたバーナデット、罪と言えない罪で収容された３人の少女が、施設から脱出するまでの４年間の過酷な生活を追っています。

施設の生き地獄エピソードはこんな具合です。脱走したが、家族の恥さらしだと親が送り帰し、院長にリンチ（髪を切られ、ムチ打ち）される少女。少女の頃から収容されていて、施設で老いて一生を終える女性。神父にフェラ奉仕させられるクリスピーナは頭のネジが少しゆるく、公衆の面前で「あんたは堕落した神父だ」と訴えたため、精神病院に移され病死します。修道女達が少女達を全裸で並ばせ、デカパイ賞、ペチャパイ賞、デカ尻賞、陰毛賞などを設けて性器審査するシーン、女性が女性に行なうセクハラも酷いものです。言葉の暴力に耐えられず泣き出す少女に「ただの遊びじゃない」と平然と言い放つ修道女。優勢な地位に立つ者は弱者を虐めるのが楽しくなるようです。人種差別、囚人・捕虜虐待、幼児虐待など、人間社会からイジメがなくならないのは当然? 人間の本質が見えるような怖い場面です。これが中世や未開発国の物語でなく、'60年代ヨーロッパ文明国での実話であることに驚きます。神を敬い、信仰心を持つのは善いことですが、宗教で群れをなすと、自分達だけが正義と信じて暴走してしまう怖さも持っています。

いろいろ考えさせられる映画ですが、テンポがいいので退屈しません(エロいシーンも多い、楽しいエロではないが)。ちなみに英国の名女優ジュディ・デンチ主演の『あなたを抱きしめる日まで』('13年)もこのカトリックの恥部、マグダレン修道院に基づいた子探し感動物語です。

脱走を決意したバーナデットは、洗濯物集配のスケベ青年に出口の鍵の窃盗を頼み、報酬にアソコを見せます。タバコの煙を吐きながらじっと見つめ続ける青年に、「煙突じゃないわよ」と一喝(こんな状況で笑わせます)。支配に抵抗し、自由を求めて脱走する姿からは、過去の名作『暴力脱獄』で看守の暴力に屈せず脱走をくり返すポール・ニューマン、『カッコーの巣の上で』反抗を続け植物人間にされたジャック・ニコルソンなどが思い出されます。

このダブリンと海を挟んで向き合っているのはビートルズが生まれた港町リバプール。'64年はビートルズの主演映画が公開されアメリカに進出した時期、ビートルズ音楽が世界の若者文化風俗を変えていった時期、ミニスカートが流行して女性が自由になっていく時期。その時期に修道院で自由のない生活を送っていた3人の少女。監督は意識的に(皮肉に)物語の時代を設定しています。

マグダレンの祈り

くノ一化粧

1964年製作・日本

KUNOITI KESYOU

中島貞夫監督・脚本
春川ますみ、弓恵子、露口茂、西村晃出演

「女の乳を吸って、女に変身する忍法〝女化粧〟」
１９６４年は日本映画界のエロス元年
今観るとエロス面は薄く、ナンセンス喜劇味が濃厚

東京で初オリンピックが開催された'64年、高度成長時代の始まりは邦画エロスも元年でした。芸術エロ映画『白日夢』（武智鉄二監督）が公開されて大ヒット、男をテレビの前から映画館に呼び戻すのは裸だと製作されたお色気時代劇『くノ一忍法』もヒットしました。そこで二匹目のドジョウ狙いで、監督に再び中島貞夫、脚本に倉本聰を揃え、俳優は芸達者な異色のメンバー（西村晃、芦屋雁之助、春川ますみ）を加えてパワーアップ。後に'70〜'80年代の長寿人気TV番組で活躍した露口茂（「太陽にほえろ」の山さん）と西村晃（「水戸黄門」二代目）、芦屋雁之助（「裸の大将」こと山下清）の共演を観られるお宝作品です。

原作は鬼才・山田風太郎先生の「外道忍法帖」ですが、設定だけ拝借して物語は大幅に変えています。音楽（山本直純）もジャズ、歌謡曲、ミュージカル調のゴチャ混ぜで、『くノ一忍法』よりもナンセンス喜劇味が濃く、後の中島貞夫、倉本聰の作風とは随分違います。そのハチャメチャぶりは、エロ・グロ・ギャグ・ナンセンスの闇鍋、異常性愛路線の巨匠・石井輝男監督よりも数年早い登場でした。

徳川幕府転覆を企む由比正雪を探っていた忍者・服部半助が老中・松平伊豆守に驚くべき報告をします。正雪と同盟を結んだ天姫（弓恵子）が率いる六人のくノ一（女）忍者（緑魔子、三島ゆり子）の体内（アソコ）に隠された鈴、その鈴が六個揃うと豊臣家の隠し財宝が手に入るとの事。急遽、鈴を奪うために長崎に派遣された扇千代（露口茂）と六人の男忍者（西村晃、芦屋雁之助、小沢昭一）がSEX秘技忍法で女忍者達に挑みます。

なんでやねんな物語なので、笑える場面を紹介します。遊女・伽羅（春川ますみ）の股に顔を埋めている西村晃。伽羅がタバコを吸うとアソコから煙が上がって西村晃が咳き込む（?そんなアホな）。「お前で九九九人目だ」と言う西村に「あたしゃ、千人」「は〜!これはセンパイ」。「坊〜や」「ん〜、お母ちゃん」「な〜に父ちゃん」。このやりとり、今村昌平監督の名作『赤い殺意』の二人の夫婦役を観ている人はおかしくてたまらない。また西村晃は女忍者を発情させるため?小沢昭一と（男同士で）ディープキス。それが成功して?鈴を奪いますが、女忍者の〝犬狂い〟の術によって、身体に付けられたメス犬の匂いを嗅いだオス犬に追われ、オス犬たちに犯されて?殺される。それで西村晃は水戸コーモン様…って変な連想!

小説は、女忍者のアソコを男が吸って快楽の絶頂に導き、愛液と共に噴出させて鈴を奪いますが、こんなの映像化できないので、乳房を吸う行為に変更しています。乳を吸って、その女に変身する忍法〝女化粧〟を使う芦屋雁之助（まさに裸の大将）が、くノ一（松井康子）の乳を吸うと、逆に〝先祖帰り〟の術をかけられて赤ん坊になってしまう。この場面、バックミュージックに当時のヒット曲「こんにちは赤ちゃん」を使用するギャグで笑わせます。

金目当ての伊豆守と正雪が手を組み、怒った天姫は伊豆守から鈴とキンタマを奪う?股間を押えて伊豆守「落ちておらぬか探せ、しかし痛いのう」って（笑）。天姫の術で盲目にされた扇千代は、彼に一目惚れした伽羅に献身的看護をされたのに目が開くと天姫を伽羅と思い込み、逃げる天姫を追い回し、その後を追う伽羅（何だこれは）。天姫が伽羅に捧げたお詫びの鈴（財宝）を、伽羅は川に投げ捨てる。そして「忍者も男でござれば、女を選ぶも顔の良し悪し」と言う服部半助のキンタマを「何言ってんだ」と蹴り上げる。この下ネタ脚本が倉本聰ってホント?人に歴史アリか。

くノ一化粧

キカ

1993年製作・スペイン

KIKA

ペドロ・アルモドバル監督・脚本
ベロニカ・フォルケ、ピーター・コヨーテ出演

笑えないレイプ場面でも笑いを取りにいく
変態一筋で芸術の域に達した巨匠アルモドバルが
タダの変態監督の頃のハチャメチャ映画です

「変態一筋、それが私の生きる道」とブレないで突き進み、今や世界の巨匠と呼ばれているのがスペインのペドロ・アルモドバル監督です。アカデミー賞やカンヌ映画祭で箔を付け、『オール・アバウト・マイ・マザー』『トーク・トゥ・ハー』『バッド・エデュケーション』から近年の『私が、生きる肌』『アイム・ソー・エキサイテッド！』へと変態路線をキープしています。変態さん大集合のハチャメチャ群像劇『キカ』（'93年）は、巨匠がまだタダの変態監督と目されていた頃の映画ですが、アブナイ変態描写の中にアルモドバル監督の真髄はハッキリ見て取れます。

美容師のキカ（ベロニカ・フォルケ）は陽気で賑やかな若づくりの中年女性。魅力的な中年作家ニコラス（ピーター・コヨーテ）は妻殺しを疑われている殺人鬼。その義理の息子のラモンはマザコンでノゾキとハメ撮りが好きなカメラマン。ある日ラモンが突然死して、死化粧をキカが頼まれて施していると、何故かラモンが生き返ります。ラモンがキカに一目惚れして同棲し、後にそこへニコラスも同居して、キカはニコラスとも肉体関係を持って…というマジメなのかおバカなのか、シリアスなのか喜劇なのか、なんだかよく分からない映画です。殺人鬼と変態と尻軽女だけでも大変なのに、さらにキャラの濃い変な人達が絡んできます（類は友を呼ぶ）。まず、ゴルチェのデザインしたサイボーグ風の不思議な衣装を纏い、頭にはビデオカメラを装着してバイクで事件現場に駆けつける「今日の最悪事件」（変な番組）のTVレポーター〝頽傷のアンドレア〟と呼ばれる女性（ヴィクトリア・アブリル）。彼女の頽傷はラモンの仕業らしいが詳細は不明。そして、キカの家のメイドのファナ（ロッシ・デ・パルマ）はピカソやモディリアーニの絵のモデルのような馬面の変な女性でヘビーなレズビアン。その弟は元ボクサーのポルノ男優で現在は脱獄囚。そこにいつもくだらない会話をしている変な刑事コンビも絡んでのキャラ合戦になると、もう並みの変態さんは太刀打ちできません。

キカとファナの会話はこんな調子です。「毛深くなかったらモデルになれたわね」とキカが言うとファナは「モデルより女刑務所の所長の方がいい、女だらけで」「ヘビーな人ね」「いいえ、純粋なんです」。「男と寝たことは?」と聞かれると「いえ、弟とだけ。弟は頭が弱かったので…抑制できなくて。最初は村の牛や羊とヤッテたんですが、近所の女にも手を出しそうなので私が相手してガス抜きしたんです」(それ近親相姦です)。そのファナ弟が金目当てで訪ねて来て、キカをレイプする辺りがこの映画の見せ場です。強盗の偽装をするためファナを縛って、家中を物色中に昼寝しているキカを見てレイプに及びます。目覚めたキカが「ちょっと何してるの? もう2回もイケば十分でしょ」と言うと「昔は抜かずに4回した。今日はそれを破って新記録達成だ」。「コンドームつけたらどう? レイプするなら最低の礼儀でしょう」(何、この会話)。それを目撃したノゾキ魔(ラモン)が警察に通報、変な刑事コンビが来て、サカリがついたオス犬みたいキカと合体しているファナ弟を引き剥がすと、イク寸前だった弟はベランダに跳び移り、手でシゴいて射精する。これが現場に駆けつけ、下から見上げていた〝頬傷のアンドレア〟の顔にぶっかかります。

これぞまさに奇禍=思いがけない災難・出来事。悪趣味との批判は意に介さず、レイプ場面でも笑いを取りに行くアルモドバル監督の感性は常人の予測を超えています。

キカ

ねじ式

1998年製作・日本

NEJISIKI

石井輝男監督
浅野忠信、藤谷美紀、丹波哲郎、清川虹子出演

伝説の前衛漫画をカルトの帝王が実写化
つげ義春ワールドと石井輝男ワールドの融合
同じようで同じじゃない漫画と実写のエロスの違い

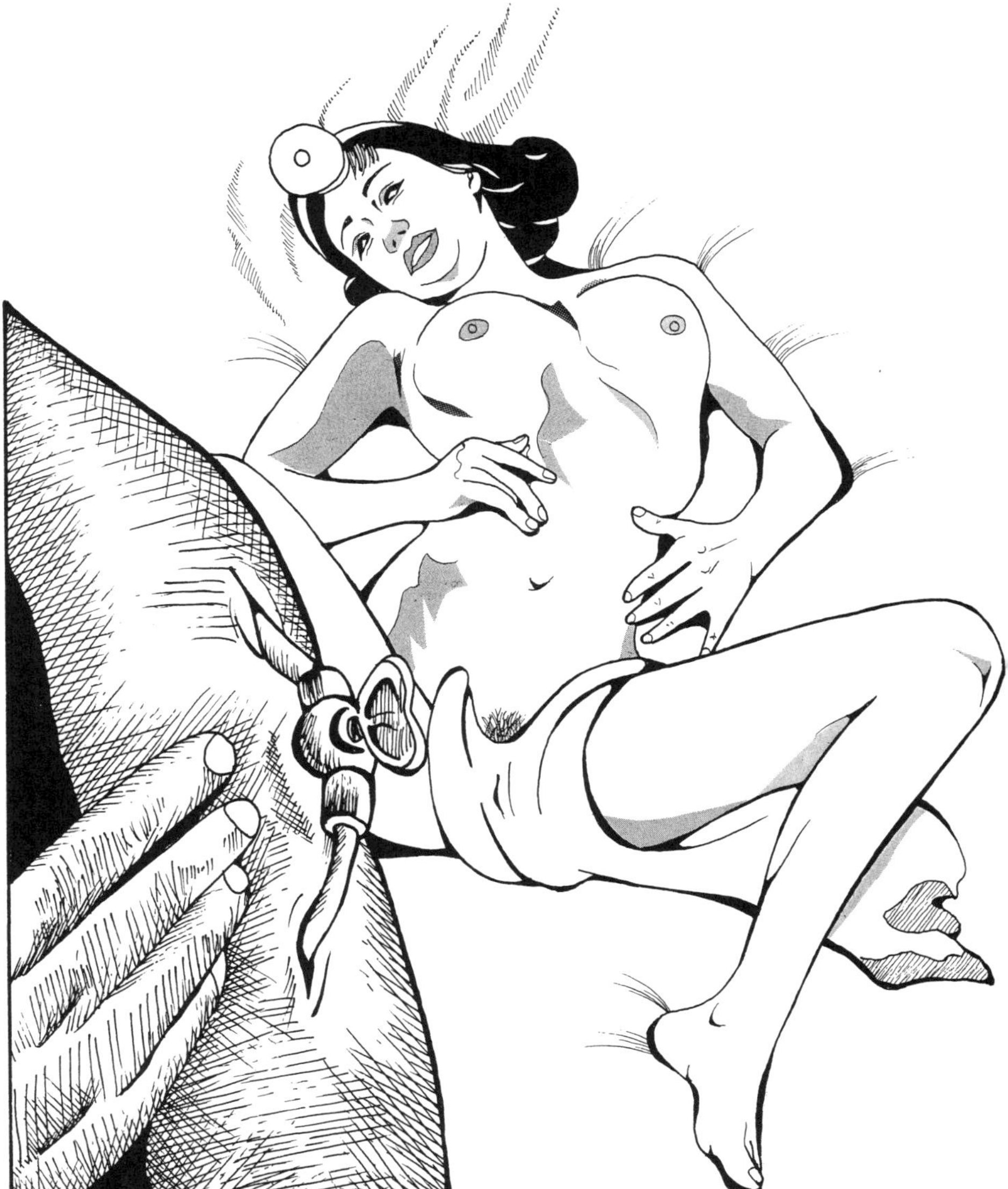

メメクラゲに腕の血管を噛み切られた青年が医者を探して不思議な漁村に迷い込む…つげ義春の「ねじ式」は'68年6月に雑誌「ガロ」に発表された芸術的名作漫画です。それをカルトの帝王・石井輝男監督が30年後に実写化したのがこの映画です。

猥々シネマに〝異常性愛シリーズ〟以外の石井監督作品の登場は初なので、ざっと石井ワールドを紹介します。'50年代は新東宝で（スーパージャイアンツ、地帯シリーズ）、'60～'70年代は東映で（網走番外地、異常性愛、地獄拳、暴走族シリーズ）を監督して大ヒット。'80年代は映画を休業し、'90年代に異常性愛シリーズが若者や海外の映画人に評価され、カルトの帝王と呼ばれ映画界に復活。つげ義春の『ゲンセンカン主人』（'93年）『ねじ式』、つげ忠男の『無頼平野』（'95年）など漫画原作の実写版を発表。その後『地獄』『盲獣VS一寸法師』を製作し、'05年に81歳で永眠しました。

つげ義春も石井監督も独特のワールドを持っていますから、原作を忠実に映像化した『ゲンセンカン主人』は、つげファンには漫画以上のものではなく、石井ファンには刺激が薄くて、ボクはこのコラボが成功とは思えませんでした。なぜ石井監督がつげ作品をと不思議でしたが、この『ねじ式』を観ると、石井監督がつげ漫画を好み、忠実に映画化した共通の嗜好性と気質が少し理解できました。

つげ義春も石井監督も根源はシュール、画家ならダリやマグリットのように荒唐無稽な幻想を説得力ある描写で表現するシュールレアリストです。つげは巨匠（白土三平、水木しげる）のアシスタントも経験し、貸本漫画家時代はシュールさを隠し味に、大衆読者にも楽しめる物語を描き続けました。石井監督も巨匠（成瀬巳喜男、清水宏）の助監督を務めた後、とにかくお客を楽しませる映画（高倉健を大スターに押し上げた『網走番外地』など）を撮り続けました。時には本筋から脱線（シュール）しても大衆のツボは外さない職人監督は突然〝異常性愛シリーズ〟を発表してエログロから究極のシュールへ弾けました。第一作の『徳川女系図』の封切りが'68年5月、続く『徳川女刑罰史』が同9月、つげ義春がシュールさを前面に出した「ねじ式」で弾けるのと石井監督の沸点は時代の中で重なっていました。

激動の'60年代末の社会背景を重ねて考察すると、さらに見えてくるものがありますが、大仰な石井監督論は場所を改めて、ここは肝心のエロを書かせてもらいます。映画は「もっきり屋の少女」「やなぎ屋主人」「ねじ式」を繋げたオムニバスです。酔客と賭けをして乳を揉まれる少女、肉体の部分を東京名所になぞらえ（ここが芝公園、ここが東京タワーと）開陳するヌードモデル、大衆食堂の好色な女主人、お医者さんごっこエッチして血管にねじを装着する女医などが登場、つげ作品の中でもエロ味が濃いものを集めています。紙に描かれたエロスと生身が演じるエロスでは同じ場面でもツボが違って、つげファンも石井ファンも文句なく一見の価値ありです。つげ義春を模した売れない漫画家・つべ（浅野忠信）が睡眠薬の飲み過ぎで病院に運ばれ、夢見心地で看護婦の顔に大量のオシッコをぶっかけるシーンは石井監督らしい倒錯エロスを感じました。タイトルとエンドロールは前衛舞踏集団の男女がフンドシ姿で海辺をのた打ち回り、巨大擬似ペニスをつけて腰を振り、それを女性が咥える。『元禄女系図』のタイトルバック（土方巽・暗黒舞踏）を彷彿とさせるシュールな石井ワールドを観せてくれます。

ねじ式

桃色画報

2003年製作・イタリア

FALLO!

ティント・ブラス監督・脚本
サラ・コズミ、シルヴィア・ロッシ出演

「尻でするのは悪いことなのか?」
コント仕立てのイタリアン・エロス
お尻フェチのチンコいやティント・ブラス監督

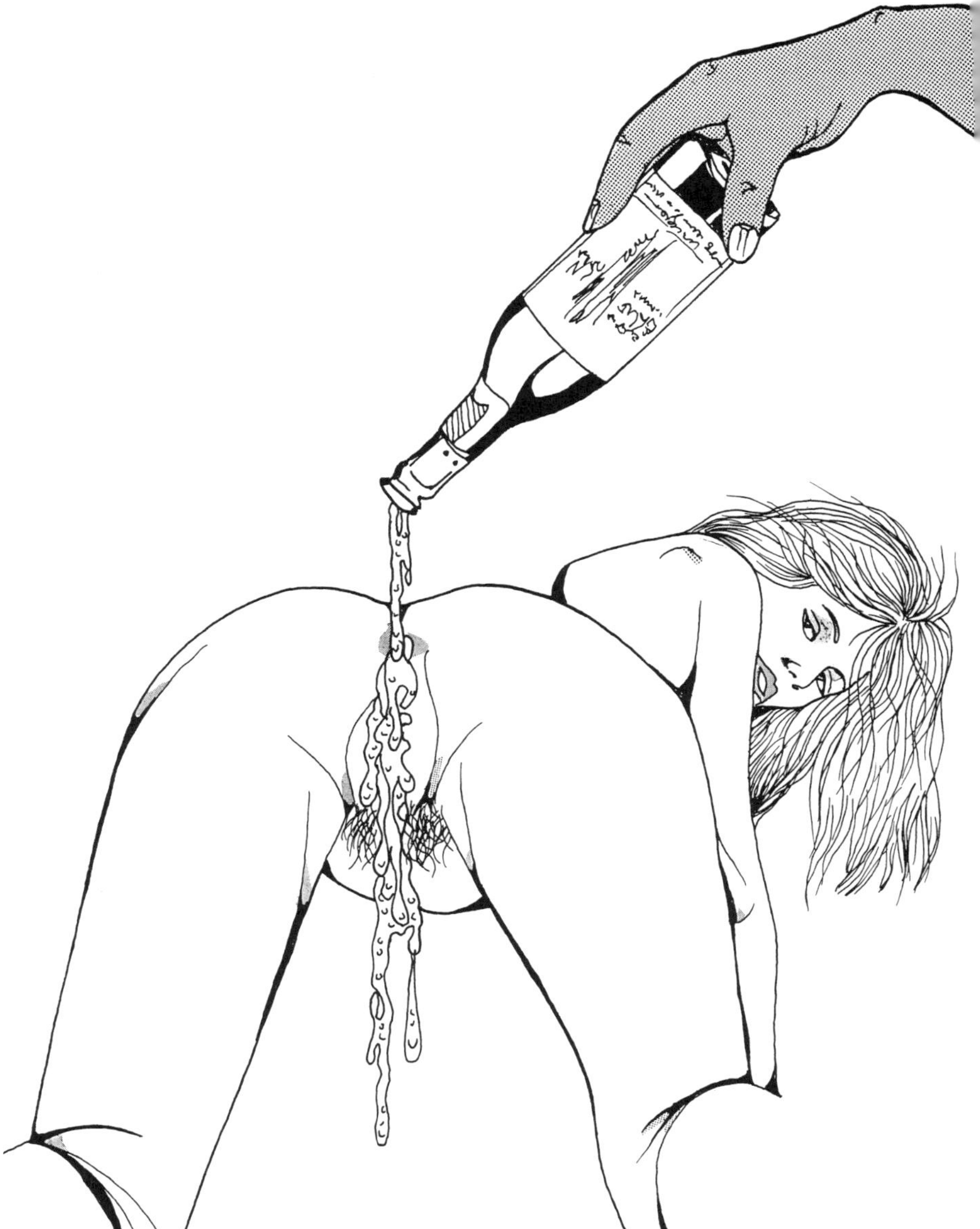

まさに継続は力なり、ひたすら官能エロ映画（『背徳小説』『郵便屋』『秘密』など）を撮り続けて、イタリアン・エロス帝王と呼ばれるティント・ブラス監督。'33年生まれの後期高齢チンコじゃなくてティントは、エロスの侘び寂びなど微塵もない単なるお尻大好きフェチです。だから、衝撃作『サロン・キティ』（'76年）エロ・グロ歴史大作『カリギュラ』（'80年）よりも、『桃色画報』（'03年、撮影時70歳）のような軽い艶笑譚の方がボクは好みです。

『桃色画報』は「アリバイ」「W不倫」「2人の愛の巣」「生命の洗濯」「これも悪くない」「淫らな女と言って」の6話で構成されたオムニバス映画です。

「アリバイ」は結婚7周年記念にカサブランカを旅行中の夫婦の話。ホテルの寝室で、夫は金髪妻（サラ・コズミ）の小柄でセクシーな肉体を舐めまくり、電動歯ブラシで責めたり、妻と婦人科医の浮気場面を妄想したりして勃起。イクときには「前と後ろにぶち込まれたいんだな」「そうよ、両方にちょうだい。モロッコ人のアレを突っ込んで」と叫ばせて大満足。朝昼ヤリ放題（いつも元気）です。夕食後、シャンパンを持ってモロッコ人のイケメンボーイが来ると、夫のモノをフェラ中の妻の尻にシャンパンをかけてボーイが後ろから…「お尻にハメられてるわ！」。これが夫からのプレゼント？ タイトルは「アリバイ」、「プレゼント」の間違いじゃないの？

「W不倫」はテニスコートで豊満な尻を見せてイケメンTVディレを誘惑する重役夫人（シルヴィア・ロッシ）とTV局の重役室で新番組キャスターの座を狙うアシスタント（ディレクターの妻）と重役の姿をシンクロして見せます。重役は「抜擢されたきゃ競争に勝ち抜け。マイクテストだ、吸い込め、もっと奥まで。仕事への情熱を込めろ」とフェラをさせ、女は「成功の味がするわ」と咥えます（オイオイ）。重役夫人とディレクターはコートからシャワー室に移動し、「尻に指を入れてくれ」とディレ、「業界人って、みんな倒錯してるのね」と重役夫人、「上司のせいさ。カマを掘られすぎて、刺激がないと…」「立たないの？」（こっちもオイオイだ）。そして、重役宅の寝室、朝の新番組にアシスタントを抜擢すると言う夫、夫のモノをフェラしながらディレをゴールデン番組に推薦する妻、ゲス不倫いやＷＷ不倫はめでたし、めでたし（って世の中これでいいの？）。

「淫らな女と言って」は新婚旅行中のインテリ女教師（フェデリーカ・パルマ）の話。この女教師は大変な好き者で若く逞しい夫とホテルで連夜の大合戦。「メス豚と呼んで、メス豚と呼ばれたいの」「お前は淫らな女だ。だから結婚したんだ」（よかったね）。この様子がノゾキ魔に盗み見されているのに気づくと女教師はさらに大興奮。すっかり満足して休憩しているとノゾキ魔から電話がかかり、女教師が取ります。夫が「どうした？」と聞くと「彼は私じゃなくて、あなたの巨根に欲情してるわ！」。ノゾキ魔にはティント・ブラス監督自身が扮しているのもご愛敬です。

まぁ、こんなたわいない映画です。ティント監督はデカ尻を真後ろからアップで撮るのが好きで、脇毛もアソコもフサフサの毛深い女性が好きなようです。ついて行けない部分もありますが、ムズカシイことは考えず、脳天気にエロエロムードにホンワカ包まれるといい心地です。ティントは女優陣からも慕われてモテモテなのに、全作品をサポートしていた監督夫人（'06年に死別）と50年以上も仲良いパートナーだったとは予想外の好印象です。

寝ずの番

2006年製作・日本

NEZU NO BAN

マキノ雅彦監督
中井貴一、木村佳乃、富士純子、長門裕之出演

俳優・津川雅彦が初監督した大人の艶話
あの中井貴一や木村佳乃が
チンポ、オメコと卑語を連呼するのに爆笑です

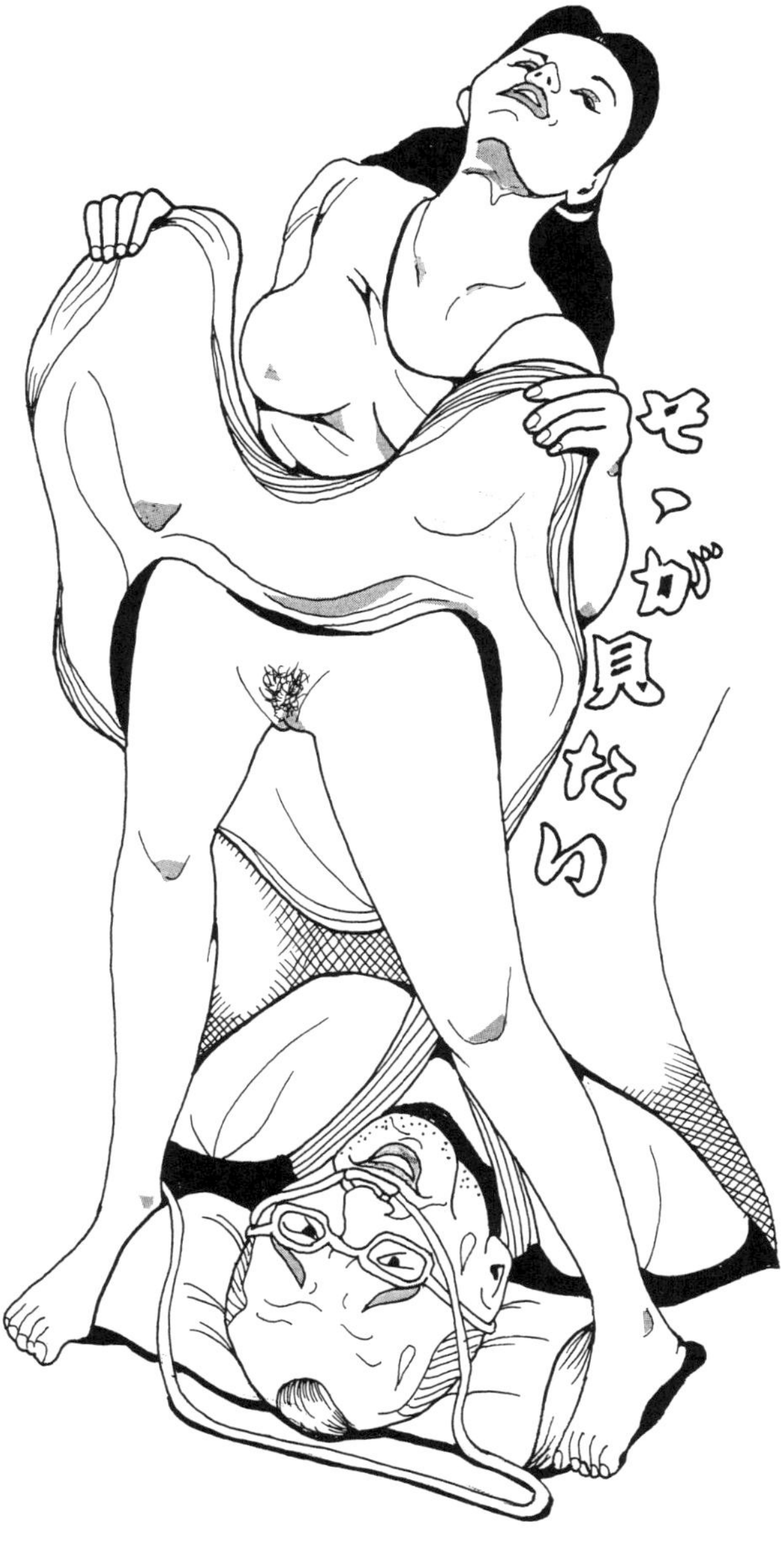
そゝが見たい

津川雅彦は子役から二枚目、そして個性的演技派へと変貌し、もう芸歴70年超の名優ですが、祖父（マキノ省三）から伯父（マキノ雅弘）へ受け継がれた映画監督名マキノも襲名し、マキノ雅彦名で初監督に挑んでいたのがこの『寝ずの番』（'06年）です。過激なSEX場面はなくても、やたらチンポ、オメコ（関西弁）と卑語を連呼するのでR—15指定にされました。エロ話でトコトン押した物語ですから、下ネタが苦手な人と笑える人で評価が分かれる作品です。こんな話ボクは、勿論大好きです。

上方落語界の大御所・橋鶴師匠（長門裕之）が病院で臨終を迎えようとしています。一番弟子の橋次（笹野高史）が師匠の最後の望みを「そそ（京都弁でオメコ）が見たい」と聞いて、「女や、アソコ見せてくれる娘おらんか」と大騒ぎ。騒ぎを聞いていた橋鶴の妻・志津子（富士純子）が、（よしウチの出番）と微笑んで「あのー」と言いかけると、「とにかく若い娘や」との橋次の声が聞こえ、プ〜ッとふくれる（富士純子、当時60歳位だが可愛い）。で、三番弟子の橋太（中井貴一）に白羽の矢が立ち、家に帰って妻の茂子（木村佳乃）を説得。茂子が承知すると興奮した橋太は茂子とSEXに及び、それから再び病院に駆け戻り、茂子がベッドに上がって橋鶴の顔をまたいで、そそを披露。橋次が「そそ、お見せしましたよ」と言うと虫の息の橋鶴は「そ…外、見たい言うたんや、アホ〜！」。3分後に師匠は死んでしまいます。

出だしからこの調子で、橋鶴の死後、橋次、志津子が続いて亡くなり、3度の通夜（寝ずの番）で、故人との思い出が語られます。生前に橋鶴を感動させたと言って、橋太は魚のエイのアソコが女性と似ているので、初体験の相手はエイと決めていた少年時代の話をします。生涯独身だった橋次との思い出は橋次が急死する前夜の艶話。バーで色っぽい美女（高岡早紀）に出会ったら、美女がハゲ専・老け専で橋次が惚れられ、ホテルでSEXに及ぶとアレが大穴。指では役に立たず、拳でフィストファックすると、「指輪（実は腕時計を）外して」と言われたとか。志津子の通夜には、若い頃に人気芸者だった志津子を橋鶴と争った元社長（堺正章）が訪れ、志津子から教わったエロ歌を披露します。そこで橋太も志津子からエロ歌を伝授されていたのでエロ歌合戦を提案し、元社長が「ハァ〜、チンポ、チンポと威張るなチンポ、チンポ、オメコの爪楊枝」と歌えば、橋太は「オメコ、オメコと威張るなオメコ、オメコ、チンポの植木鉢」と返します。こんなエロ歌が延々と歌われ、あの中井貴一がマジメな顔と美声でオメコ、オメコと叫ぶから笑いが止まりません。さらに木村佳乃もオソソ連呼（監督、ノリ過ぎです）。

俳優・津川雅彦の芸域を広げた恩師で盟友の伊丹十三監督へのオマージュも随所に感じます。艶話から人情話も語られますが、伊丹監督の『お葬式』ほどの感動や深みは感じられません（ゴメンなさい）。お茶の間放映はNGでも、酸いも甘いも噛み分けた大人がクスリと笑える映画であることは間違いないようです。

おもしろかったのは、淡路島公演に行った橋鶴に地元の娘（マキノ監督の娘、真由子）が「どんな仕事をすればいいんでしょう」と聞くと、「お茶子（座布団やお茶を運ぶ係）、オチャコどうや？　とり合えずオチャコでもしてもろて」「わたし、イヤや」と逃げ出す娘に驚く橋鶴。フィルムを戻して、それを「オメコどうや？　とり合えずオメコでもして」と音声替えた場面は爆笑です。地方によってアノの呼称はいろいろ、もしや桑田佳祐サザンの名曲「チャコの海岸物語」もアブナイ歌詞？

輪舞

1964年製作・フランス、イタリア

LA RONDE

ロジェ・ヴァディム監督
ジェーン・フォンダ、モーリス・ロネ出演

パリを舞台に男女10人10組のSEX模様
それがリレー式に繋がって兄弟？の輪ができる
華麗なスター俳優達がくり広げる艶笑劇

原作者はアルトゥール・シュニッツラーと言われてもそれ誰?ですが、シュニッツラーはウィーンに生まれ、医学を学び軍医も経験した作家で、日本で言えば明治・大正期の文豪・森鷗外のような人です。『アイズ ワイド シャット』('99年、スタンリー・キューブリック監督)、『カサノヴァ最後の恋』('92年)の原作者でもあり、性愛が人間の行動や運命を左右する様を風刺的に描いた作家と聞くと、急に興味が湧き起こります。その一番人気の『輪舞』を探すと、映画化された『輪舞』はマックス・オフュルス監督('50年)版、ロジェ・ヴァディム監督('64年)版、小沼勝監督('88年)版の3作品がありました。

20世紀初頭のパリ。街娼に誘われて空き地で(青姦)タダ乗りして逃げる若い兵士から始まり、若い兵士はダンスホールでナンパしたメイドを庭に誘って(青姦)タダ乗りし、タダ乗りされたメイドは奉公先の若旦那の童貞卒業の相手を務め、自信をつけた若旦那は憧れの上流貴婦人の誘惑に性交イヤ成功、その貴婦人に貞節の大切さを説く金満家の夫は街で見つけた19歳のキュートな娘を高級ホテルに連れ込んで援助交際、援交娘は劇作家に「女優の才能がある」と口説かれ味見されてお払い箱、劇作家は男を芸の肥ヤシにして下層階級から成り上がった海千山千の大女優を訪ねてベッドイン、大女優は彼女の芸に感動して楽屋を訪れたオイシイ貴公子を食べてしまう、戦場へ出陣前の貴公子は友人と酒場で泥酔して目覚めると最初に若い兵士にタダ乗りされた街娼の部屋、貴公子は娼婦に「勇敢に、しかし無事に帰還を」と励まされて出征します。

以上がヴァディム版のあらすじです。他の版も微妙な設定変更(オフュルス版は話の間に狂言回しが登場)はあっても、男女10人の10回のSEXがリレー式に繋がり、貧富貴賤の階級の壁を越えてSEX連鎖の輪ができるという原作のキモは変わりないです。3作品のどれを選んでも結構ですが、ボクの好みで言えば映画的完成度はオフュルス版が高く、娼婦＝シモーヌ・シニョレ、貴婦人＝ダニエル・ダリュー、貴公子＝ジェラール・フィリップ（伝説の美男俳優）のスター・オーラが絶品でした。ヴァディム版はメイド＝アンナ・カリーナ、貴婦人＝お色気路線時代のジェーン・フォンダ、夫＝『太陽がいっぱい』の放蕩児モーリス・ロネ、援交娘＝当時のアイドル女優カトリーヌ・スパーク達にスター価値アリです。このヴァディム監督自身が撮影中にジェーン・フォンダに恋をして、妊娠中のカトリーヌ・ドヌーブを捨てて乗り換えたという、映画そこのけの実録「輪舞」をしていたツワモノです。

スターの顔合わせがお祭り的に楽しめる物語ですから、今の日本の俳優でリメイク版キャストを勝手に想像すると、娼婦＝安藤サクラか石原さとみ、兵士＝二宮和也か佐藤健、メイド＝吉田羊か黒木華、若旦那＝池松壮亮か神木隆之介、貴婦人＝米倉涼子か宮崎あおい、夫＝渡辺謙か豊川悦司、援交娘＝橋本愛か二階堂ふみ、劇作家＝伊勢谷友介か市川海老蔵、女優＝寺島しのぶか宮沢りえ、貴公子＝菅田将暉か東出昌大などでどうでしょう（個人的事情で出演拒否の人がいるかも）。邦画全盛期の輪舞なら鶴田浩二、佐久間良子、三國連太郎、岸恵子、萩原健一、倍賞美津子らが絡むスゴイ映画ができそうです。

しかし、やっかいな性病がはびこる現代で「世界に広げよう穴兄弟の輪」はアブナイです。シュニッツラー先生に「ヤボな時代になった」と嘆かれても「コンドーム着けています」表現が絶対必要でしょうね。

輪舞

大奥㊙物語

1967年製作・日本

OUOKU MARUHI MONOGATARI

中島貞夫監督
佐久間良子、岸田今日子、藤純子、山田五十鈴出演

大奥は将軍様のハーレム
そこに㊙と付けてエロ心をそそる題名で大ヒット
後に続く大奥ドラマや異常性愛シリーズの原点

江戸城の大奥は、徳川将軍が子づくりSEXに励んだハーレムです。将軍様以外の男性は立入禁止、男性一人を喜ばすために美女三千人が集められたという、想像を絶する世界です。だから男は勿論、女性も興味を引かれるようで、'60年代から約10年周期でリメイクされる大奥TVドラマは確実に高視聴率を得ています。近年も山口譲司の漫画「元禄艶笑絵巻・おしとね天繕」('04〜'15年)、大河ドラマ「篤姫」('08年)、よしながふみ漫画の男女逆転「大奥」の映画化シリーズ('10〜'12年)などで大奥人気が続いています。男性専科の時代劇に女性ジャンルを確立し、エロ物に㊙が付くタイトル流行の原点が『大奥㊙物語』('67年、中島貞夫監督)です。〝大奥〟の〝マル秘〟ですから(考えた人に座布団10枚、今なら流行語大賞もの)、タイトルだけでエロ心をそそるインパクトがありました。

三話のオムニバスで、第一話は武家娘の下女・おみの(藤純子)の物語。大奥に召される女性の選考会でおみのの容姿が六代将軍・家宣(高橋昌也)に気に入られ(友達が応募したアイドルコンテストに付いて行ったらスカウトされたように)、将軍のお手付(妾)の一員に加えられます。接待役の松島(山田五十鈴)から「子を産めない妾は、忘れ去られ飼い殺しにされる」と聞いたおみのは、筆頭年寄への出世を目指す松島と共謀。名も知らぬ男と密かにSEXして妊娠し、それを将軍の子と偽る大バクチに打って出ます。

第二話は将軍のSEX中に側に控える添寝役の物語。愛妾とのSEXがマンネリ気味の将軍は、処女の添寝役・篠ノ井(小川知子、後にヒット歌手)に大胆プレイを見せつけて新たな刺激に満足を得ますが、煽られて興奮した篠ノ井は直属の上司・浦尾(岸田今日子)とレズ関係になります。やがて、見せるのに飽きた将軍は篠ノ井を閨に引き入れ、お手付きにしてしまいます。その後も浦尾と篠ノ井のレズ関係は密かに続けられていましたが、篠ノ井の妊娠を知った浦尾が嫉妬に狂って篠ノ井に毒を盛り、声と子供を失った篠ノ井は自殺をします。

第三話は町娘・おちせ（佐久間良子）の物語。おちせは恩人の頼みを断れず、染物屋の恋人には三年間待ってもらって、大奥の飛鳥井（岩崎加根子）の部屋子になります。年季が明ける直前、部屋子と顔を合わせることがない将軍がおちせの声に聴き惚れて、湯殿に呼んで犯してしまいます。恋人を抹殺され、大奥に幽閉されたおちせは、閨で刀を奪って恨みを込めて将軍に斬りつけ、止めに入った松島を刺して大奥に火を放ちます。

三話全部に登場する松島には伝説の大女優・山田五十鈴、さらに東映の看板女優・佐久間良子、次代のエース・藤（富司）純子、新劇の演技派俳優・岸田今日子、岩崎加根子、高橋昌也、渡辺美佐子（ナレーター）などを揃えています。内容に比べ出演者の演技の質が高いのが不思議で調べると、「岡田茂自伝・波瀾万丈の映画人生」（角川書店）に、最初は巨匠・今井正が監督だったと書かれていて納得しました。今井監督なら『武士道残酷物語』の女性版（大奥残酷物語）を撮る気だったのかも？　しかし、撮影所所長・岡田茂（後に東映社長）は「それでは客が来ない」と判断、今井監督を降ろして、脚本家の三人分業で至急変更させたそうです。しかし、今井監督の名で集まった一流女優を裸にできず、視覚的エロスは中途半端（あえぎ顔だけ）に。それでもタイトルのインパクトが客を呼び大ヒットして、ここから異常性愛シリーズに繋がる訳ですから、エロ時代劇の記念的映画です。あの藤純子（緋牡丹のお竜さん）が悪女役を演っているのも珍しいです。

サマードレス

1996年製作・フランス

UNE ROBE D'ETE

フランソワ・オゾン監督・脚本
フレデリック・マンジュノ、ルシア・サンチェス出演

「女性とは初めてだった」「ホモにしてはうまいわね」
ホモからバイセクシャルに目覚める青年
過激なＳＥＸ描写も美しい映像で後味さわやか

『サマードレス』は今まで紹介した中で最も上映時間の短い映画です。前巻（猥々シネマ快館2）で紹介したシャーロット・ランプリング主演『まぼろし』（'01年）の監督でフランス映画界の鬼才、フランソワ・オゾン監督が長編デビュー前、短編で腕を磨いていた20歳代の作品です。15分間のショートフィルムですが、ロカルノ国際映画祭新人監督賞受賞、グルノーブルとジュネーヴ映画祭でグランプリ受賞。'96年カンヌ映画祭批評家週間のオープニングを飾り、日本では'99年に劇場公開された映画です。

海に近い保養地でバカンスを過ごしているイケメンの18歳の青年と金髪に染めた青年のゲイ・カップル。金髪が「愛してる？」と聞くと「うるさい」と18歳青年は冷淡な態度。金髪がシェイラの歌う「バン・バン」に合わせて身体クネクネ踊りで誘っても、その気にならない18歳青年は独り自転車で海へ泳ぎに行きます。海パンも脱いで全裸で日光浴していると、「火ある？」とタバコを持った艶やかなサマードレスの若い女が近寄って来ます。慌てる18歳青年（マッパですから）の側に座って少し会話したサマードレス女は「林に行かない？　したいから」と（早っ）積極的に誘い（肉食女子だ）、林の中で「初めて？　すてきなことよ」とSEXします。終了後、18歳青年が「初めてじゃないんだ。でも、女性とは…」と言うと「ホモなの？」「一緒にいる友だちと、ときどき…」「ホモにしては、うまいわね」（何んちゅう会話やねん）。

砂浜に戻ると18歳青年の荷物が盗まれています。自転車は無事でしたが、全裸では帰れない青年に、女は「自転車で早く走れば気づかない」とサマードレスを渡します（適当～っ）。初め青年は恥ずかしそうに自転車に乗っていますが、次第に楽しくなってきます。家に着くとその姿を見た金髪が「あら、どうしたの?」、すると「女に見えないかな」と18歳青年の方から抱きつき濃厚なキスをして激しいSEXに至ります（金髪が男役で駅弁スタイルです、イヤハヤ）。SEXしてまたアッアッいや熱っ熱っになる二人（甘〜ぁい）。翌朝、18歳青年が港で旅立ち前の女にサマードレスを返そうとすると、女は「あげるわ。また役に立つかも」と言って、二人は甘く熱いキスを交わします。

ファッションは着る人の主張や生きざまの表現でもあり、女装趣味を挙げるまでもなく、軍服、制服などのコスプレにハマる人もいて、服が人の心理や行動にまでに影響を与えることは多くの人が理解している事実です。美しい風景の中に過激な性描写を写しながら、なぜかほのぼのとさわやかな後味の残る映画です。ホモ青年のバイセクシャルへの目覚めをスケッチ風に描いた、ただそれだけの小品ですが、フランス映画界の新星&問題児オゾン監督の映像センスと手腕は明確です。

ちなみにオゾン監督はゲイであることを公表していますから、この『サマードレス』も監督自身の経験から創られた物語の可能性があります。『サマードレス』の次のオゾン監督作『海をみる』はレズビアンとエロ・グロ描写もある50分間程の中編サイコサスペンスで、やはり海、ホモ、林の中のSEXが登場します。『まぼろし』も海が絡んでいました。趣を変えていますが、『17歳』（13年）、『彼は秘密の女ともだち』（14年）に至るまでホモまたはレズビアン、海あるいは水のどれかが登場して来ます。フランス語で海は女性名詞、太陽は男性名詞とのことですが、オゾン監督の同性愛と海に関するこだわりは何を意味するのだろうと興味が湧きました。

サマードレス

白い指の戯れ

1972年製作・日本

SHIROI YUBI NO TAWAMURE

村川透監督
伊佐山ひろ子、石堂洋子、荒木一郎出演

ポルノ映画で演技賞を受賞
70年代の若者のシラケと反抗的気分を内包し
日活ロマンポルノが認められた初めての作品

邦画創成期からの伝統ある映画会社・日活が、60年代末から経営不振に苦しみ、安い製作費で利益を上げようと、ロマンポルノ（成人映画）専門スタジオに変貌したのは'71年の秋からでした。ストリップ劇場かよと世間から白眼視されましたが、裸とSEX場面を数ヵ所入れておけば他は何を撮ってもOKの自由さがあって、それから'88年まで、例えば新人時代の根岸吉太郎、相米伸二、滝田洋二郎、石井隆などの腕を磨く場にもなりました。この『白い指の戯れ』（村川透監督、神代辰巳脚本）はキネマ旬報の'72年度ベスト・テン10位に選出され、芸術性を初めて認められたロマンポルノ作品です。

19歳のゆき（伊佐山ひろ子）は壊れた自動車を見て涙ぐむような優しい娘。お調子者のイケメン二郎（谷本一）にナンパされて、処女をすんなり卒業します。やがて、スリ窃盗団員の二郎が逮捕され刑務所に入ると、ゆきも刑事から仲間と疑われます。刑事の聞き込みが執拗で、ゆきは工場で働き辛くなって退職。女スリ洋子（石堂洋子）に誘われて窃盗団に仲間入りし、レズとスリの技術を学び、窃盗団のリーダー（荒木一郎）からもSEXとスリのテクニックを教わり、仕事が成功すると仲間と楽しく乱交パーティーの日々。しかしやがて、そんな彼らの背後に窃盗団逮捕を目指す刑事たちの足音が響いて来ます。

１９７０年安保闘争後の若者が内包していたシラケと反抗的気分、封切り当時なら身近に感じたそれはもう分かりづらくなっていますが、この映画の伊佐山ひろ子は時代が変わっても魅力的です。美人の部類ではないですがピチピチした肉体、ちょっとアンニュイで不貞腐れた表情。すぐ後から出て来た桃井かおりや秋吉久美子に時代のミューズの座は持って行かれましたが、この分野の先駆けは伊佐山ひろ子でした。この映画と『一条さゆり・濡れた欲情』（神代辰巳監督）の演技で伊佐山ひろ子はこの年のキネ旬女優賞を獲得しています。それまでの受賞者の顔ぶれは藤純子、倍賞千恵子、岩下志麻、若尾文子、司葉子、山本富士子、高峰秀子、山田五十鈴、田中絹代などですから、ポルノ映画女優の受賞は画期的なことでした。それほど時代を象徴するキャラクターだったということです。むしろ主役よりも脇役でキラリと光る女優さんで、現在も短い出番でも存在感のあるオバさんキャラで映画にドラマに活躍しています。今のイメージしか知らない人がこの映画を観るとおもしろいと思います。

エロス場面としては初体験、レズ、３P、６人乱交泡踊りなどのシーンでヌードが披露されますが、そこよりも昔ネタの変な春歌（エロ歌）がボクはおもしろかったです。「金色夜叉」の貫一お宮ネタから「貫一さんにサセようか、富山さんにサセようか、ダイヤモンドに目が眩み、富山さんにサセました」とか、日露戦争ネタから「爺様と婆様のエロ事みたいなバルチック艦隊は、イクのクルのと掛け声ばかりで、とうとう夜が明けた」。このおかしさはもう通じなくなりましたか？　ああ「坂の上の雲」の時代は遠くなりにけりです。

関係あるような、ないような話ですが、窃盗団リーダーの荒木一郎は『日本春歌考』（67年、大島渚監督）にも主演した俳優でシンガーソングライターの先駆者です。人気歌手のときに暴行事件を起こし表舞台から抹殺されましたが、しぶとく音楽活動とアウトローキャラで復活してきた時期でした。だからどこか本物のアウトローの雰囲気を持っています。ふてぶてしくケッと刑事に唾を吐くラストシーンが見事にキマっていました。

白い指の戯れ

悪い男

2001年製作・韓国

BAD GUY

キム・ギドク監督・脚本
チョ・ジェヒョン、ソ・ウォン出演

清純な女子大生を騙して売春婦に堕とし
娼婦に変貌していく様子を観察するヤクザ男
ギドク監督が描く韓流の「悪い男」は「イタイ男」です

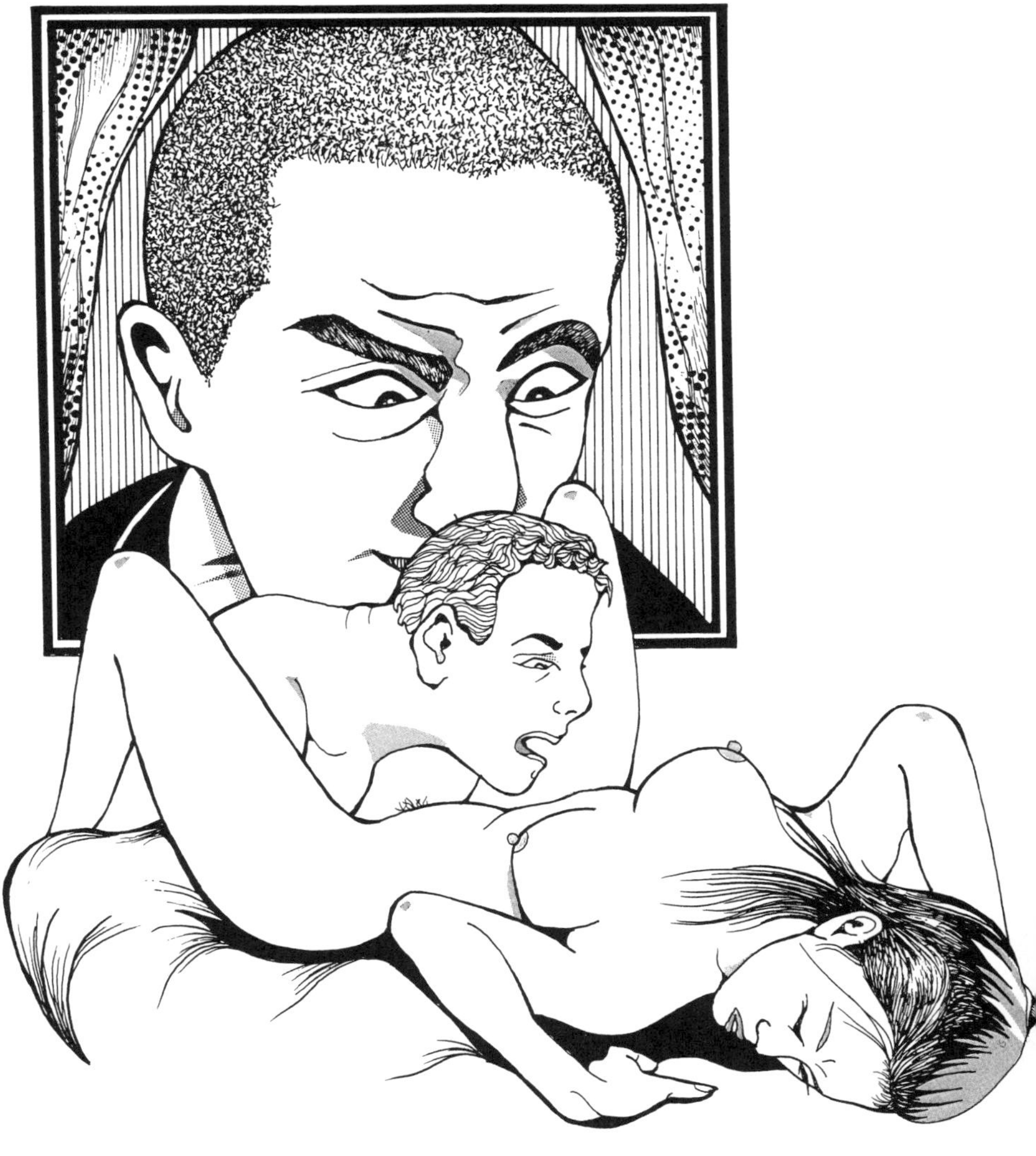

'01年公開の『魚と寝る女』('99年)で日本に初登場した韓国映画界の鬼才、キム・ギドク監督。リアルな現実からシュールに変化する難解なストーリーと釣り針が舌や咽喉に刺さったり、女性のアソコに引掛かったり、痛覚を刺激する描写(キモいエロス)が印象に残りました。この一作だけでは監督の持ち味が判断できませんでしたが、'04年の韓流ブームのおかげで、『悪い男』('01年)と『春夏秋冬そして春』('03年)が続けて公開され、胸のつかえが取れました。ギドク監督は、一般社会からハミ出した者たち(ヤクザ・娼婦・脱走兵・孤児など)の暴力とSEXを通して、人間の業(宿命)を描くタイプの作家で、痛いイタイ話が本当に好きな人だと認識しました。この『悪い男』もタイトルは『イタイ男』の方が適していると思いました。

主人公のハンギ(チョ・ジェヒョン)は売春街の用心棒をしているヤクザ者です。彼は、街で目をつけた女子大生のソナ(ソ・ウォン)を罠にはめて、売春宿に売り飛ばし、部屋に取り付けたマジックミラーの裏側から清純な娘が娼婦に変貌していく様子を観察する〝悪い男〟です。『真極道・棒の哀しみ』(猥々シネマ快館1で紹介済)の奥田瑛二と重なるタイプ、あるいは若き日の梅辰アンナパパが魚釣りより女釣りでヤリまくったハマリ役('60年代の東映映画、夜の青春シリーズ)にも似ています。違うのは、ハンギは〝商品には手を出すな〟のルールを厳守する男で、自らソナを抱いたりしません(韓国ヤクザはモラル遵守?)。無理矢理ソナを抱こうとするような客は子分に排除させ、「商品だと分らせてやる」と売春宿の女主人の指示でソナの処女を奪った男は後で半殺しにもします。弟分のミョンスがソナに惚れて、金を払って客になることは、自分の恋心を抑えて黙認します。ハンギはケンカで殴られたり刺されたり（凶器がナイフじゃなくて尖らせたガラスなんて、痛そっ）、何度も血まみれ傷だらけになりますが、ハンギの心の傷の方がもっとイタイ。宣伝コピーは〝極限状況の中でしか生まれない究極の愛〟とか〝残酷で凶暴な純愛〟ですが、これを純愛と言うなら、ストーカーや婦女誘拐飼育犯も「愛の行為でした」になってしまいます。愛する者を壊してしまうことでしか表わせない愛は、イタイ、イタ過ぎます。

この映画の巧みなところは、ハンギが一切言葉をしゃべらないことです。言っても弁解にしかならない心情を全て眼技で表現し、観客の想像に任せることで彼への嫌悪感を薄めています。終盤、酒に酔った弟分ミョンスがハンギの行いを責めてケンカになったとき「馬鹿野郎、ヤクザのくせして何が愛だ」と一言だけ叫びます、顔に似合わない変な潰れ声で…（なぜ声帯を傷めたのかは謎のまま）。逆上したミョンスに腹を刺されたが、瀕死の状態なのに指で穴を掘って凶器を隠してやります（いい人だ）。ここで死ぬと思ったら、ここからシュールになります。突然元気になり、思い出の海岸に出向くとソナも来ています。二人は荷台に幌を張った軽トラックで、漁師相手の売春の旅に出ます（フェリーニの『道』みたい）。ほのぼのムードで海沿いに漁村を走り去るトラック。マジメに観ていて「何じゃ、こりゃ」と怒る人、エピローグを映画文法的に〝死後の夢〟と解釈する人もいるでしょうが、監督の描き方は曖昧です。こんな変な後味を残すのがギドク監督の特徴です。ドラマ「冬のソナタ」〝冬ソナ〟のヨン（良ん）様でブレイクした韓流ですが、売春婦ソナ〝春ソナ〟のワル（悪）様の方にボクは魅かれました。ギドク（毒）を喰らわば皿まで、ハマるとヤミツキになる監督です。

悪い男

血と骨

2004年製作・日本

CHI TO HONE

崔洋一監督・脚本
ビートたけし、鈴木京香、中村優子、濱田マリ出演

夫が妻をレイプする場面の肢の曲がり具合にそそられる
凶暴な自己中で周りの人々から怪物と恐れられた
在日朝鮮人・金俊平のドツキバカ人生

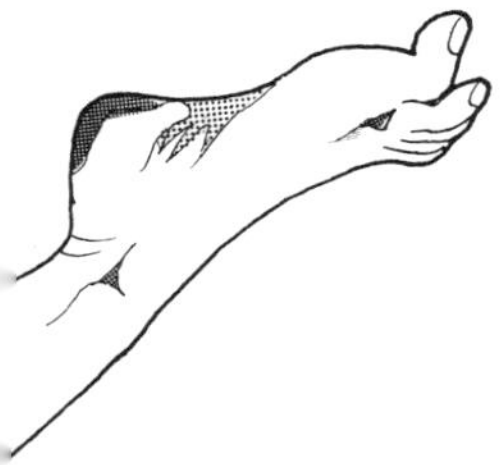

梁石日（ヤン・ソギル）が父親をモデルに書き上げた小説「血と骨」。主人公・金俊平は15歳で朝鮮から日本へ出稼ぎに来て蒲鉾職人になり、強靭な巨体を駆使して蒲鉾製造や高利貸で富を築きますが、性質は自己中心、ヤクザも顔負けの凶暴さで周囲の人から怪物と忌み嫌われた人物です。

昔〝観てから読むか、読んでから観るか〟という名コピーがありましたが、ボクは映画を楽しむためには先に原作を読むのを控えています。この作品も後で原作を読んで正解でした。映画『血と骨』（崔洋一監督）も金俊平の並外れた金欲（ドケチ）、色欲（ドスケベ）、家庭内暴力（ドツキバカ）の３Ｄ人生を生々しく描いた力作でしたが、'20年代から'80年代に至る長い人生を２時間半の映像に編集するのは至難の業です。前半生（朝鮮人差別、貧困、戦争など俊平の根幹）を切り捨て、戦後の後半生から始まります。幾つかエピソードが省略、改編され、順番が入れ替えられているので、俊平の晩年は小説が〝みじめ〟、映画は〝しぶとい〟印象です（そこは映画の方が好き）。映像表現と文章表現は別物で違って当然ですが、巧くまとまり過ぎてしまうと何か物足りない。長い人生の重みを心身に感じさせるにはゆっくり長い時間も必要で、この映画はじっくり3部作（青年、壮年、老年編）ぐらいにして、もう少し観疲れさせて欲しかったです。

映画版は出演者が適役で、金俊平＝ビートたけし、妻・英姫＝鈴木京香、妾・定子＝濱田マリ、娘＝田畑智子、弟分＝松重豊たち皆が賞に値する演技を披露しています。中でもイチ押しは俊平が15歳の時に人妻をレイプして生まれた息子・武＝オダギリジョー。出番は少ない（原作でも）ですが、原作以上にキャラが立っています。ヤサ男の風貌を裏切るように下着からハミ出ている刺青（美しい）、「金俊平さんですかのー、わしゃ、アンタの息子じゃけぇ」と『仁義なき戦い』の広島ヤクザのようなセリフ回し（シビれる）、腹違いの弟への愛情（泣ける）、俊平ゆずりの絶倫体質で朝から晩までヤリ放題で家中に轟く女のヨガリ声（笑）。もう爛熟寸前、若くして生き急ぐ姿に魅かれました。

また、金俊平には嫌悪より懐かしさを感じました。現代の優しい父親に慣れた人には衝撃的ですが、日本に戦争の傷跡があった時代に暴れん坊親父はザラにいました。映画の衣装やセットがリアルに時代の雰囲気を再現していたので、ボクが子供の頃の近所の八百屋さんで、普段は温厚なのに酒を飲むと戦争の記憶がよみがえって暴れ狂い、奥さんが何人も逃げ替わり、何時しか店をたたんで町から消えて行った人のことを、ふと思い出しました。

さて、猥々シネマ快館の本題。ピクンときたのは冒頭いきなり俊平が英姫をレイプする場面、この時、英姫＝鈴木京香の肢の曲がり具合がいいです。抵抗むなしく空を蹴って折れ曲がる肢（足や脚じゃなく肢）の形が絶妙でした。ちなみに俊平と妾のSEX場面、清子や定子の肢も曲がりますから、肢の曲がりが屈折した女心の象徴と捉えるのは考え過ぎ？　ハイ、考え過ぎです（一人ツッコミか）。研究者によればSEX時に女性の肢が曲がるのは多数派で、ピンと伸ばす方が少数派とか。ここはこだわらなくていいですが、我慢できないのは俊平と清子・定子のSEX場面でのボカシ。崔監督、黒ボカシなんてもう遥か昔のモノ、悪い病気がボクの目に出て霞んだのかと、一瞬そちらを疑いました（汗）。俊平が脳腫瘍で廃人になった薄幸の妾・清子＝中村優子の身体を洗ってやる場面はいい、まさに〝介護はエロティック〟です。

血と骨

郵便配達は二度ベルを鳴らす

1981年製作・アメリカ

THE POSTMAN ALWAYS RINGS TWICE

ボブ・ラフェルソン監督
ジャック・ニコルソン、ジェシカ・ラング出演

モミモミ、ナメナメ
腐れ縁の爛れた男女関係のSEXシーンが見せ場
乳も毛も見せてすごくエロティック

実際に起きた事件を元に書かれた小説が'34年に出版され、'39年にフランスでピエール・シュナール監督、'42年にイタリアでルキノ・ヴィスコンティ監督（退廃の巨匠の映画デビュー作）、アメリカで'46年にテイ・ガーネット監督（セクシー&スキャンダル女優ラナ・ターナー主演）、'81年にはボブ・ラフェルソン監督が映画化しています。都合4回の映画化作品から今回はラフェルソン版の紹介です。

30年代の不況下のカリフォルニア、食堂兼ガソリンスタンドに偶然立ち寄った流れ者のフランク（ジャック・ニコルソン）を主人のニック（ジョン・コリコス）が雇います。ニックには不似合いな若い美人妻コーラ（ジェシカ・ラング）がいて、住み込みで暮らし出したフランクは色っぽいコーラに惹かれ、強引に迫って肉体関係を持ちます。ニックの留守に二人は駈け落ちを試みますが、ギャンブル好きのフランクに将来の不安を感じたコーラは家に帰ってしまいます。それでも別れられない二人はニック殺しを決意し、風呂場で撲殺しようとして失敗、回復したニックはコーラとフランクを命の恩人と勘違いをして感謝する始末。もう未練を断って出て行こうとするフランクをコーラが引き止め、自動車事故に見せかけてニックを殺します。企ては成功しますが、警察に夫殺しを疑われ、裁判の場へ曳き出されて、敏腕弁護士が登場してきて保険会社を抱き込んでの司法取引や一度裁判が判決を下した事件を再び同じ罪で裁けないことが重要ポイントになります。さらに意外な展開で…。

ラフェルソン版は、激しく愛し合っていながらもフラフラと別の女と浮気に走る男、そして痴話喧嘩をしてはヨリを戻す、切れそうで切れない腐れ縁的な爛れた男女関係を描くことに力を入れています。そこを描き切れば急転直下に閉じられる結末からも強くその意図を感じました。だから映画の最大の見せ場はフランクとコーラのSEXシーンです。フランクとコーラは、ニックを殺してから自分たちも事故の被害者に見せかけるため、互いに殴り合って傷つけ、血を流して倒れたコーラの乱れた姿に欲情を催したフランク（やはりこちらも血だらけ傷だらけ）が、その場で青姦SEXに及ぶ衝撃シーンがあります。また、初めて関係を持つ場面も迫力満点のキッチンSEXです。レイプまがいに抱こうとするフランクに激しく抵抗するコーラ。格闘の末、食堂の調理台に押し倒すと、「待って」とコーラは邪魔になるパンや包丁を台上から投げ落として「カモーン」（超肉食女子）。〝嫌よ、嫌よも好きの内〟と見たフランクはコーラのアソコ（下の方）をモミモミ、火がついたコーラも自ら手を伸ばしモミモミ。勿論パンティーの上からですが、代役を使わずアソコをマジ揉みしています。この映画でジェシカ・ラングは毛も乳も見せて、すごいエロティシズムを醸し出しています。

ジェシカ・ラングは、'76年版『キングコング』で華々しくデビューしたものの作品も演技も酷評され、大根女優と目されていました。そんな世間の目をこの映画のモミまくられたアエギ顔によって一新させ、やがてアカデミー助演賞も主演賞も獲得する演技派女優へなっていきます。ボクの持論〝いい女優は大物たちに揉まれて育つ〟そのものです。以前来日したジャック・ニコルソン（70歳時）がこれからの抱負を聞かれると、「色っぽいジェシカ・ラングとまた共演したい」と言いました。本格カラミはこの映画だけだと思いますが、よほど気持ちが良かったのでしょう。撮影時ニコルソン44歳、ラング32歳も、今や高齢者、共演が実現したら超熟年SEXを披露したでしょうか。

郵便配達は二度ベルを鳴らす

おんなの細道 濡れた海峡

1980年製作・日本

ONNA NO HOSOMITI NURETA KAIKYOU

武田一成監督
三上寛、山口美也子、石橋蓮司、桐谷夏子出演

「オッパイも寂しいな」「オチンチンも寂しいね」
トボケたセリフのやり取りがおもしろい
キネ旬脚本賞受賞の〝にっかつロマンポルノ〟

7

ストリップと映画を愛した作家・田中小実昌の小説をベースにした〝にっかつロマンポルノ〟です。とにかくセリフがおもしろい。調べると、脚本の田中陽造は、この年（80年）『ツィゴイネルワイゼン』（鈴木清順監督）とこの脚本によってキネマ旬報脚本賞を受賞。受賞コメントで「客の入らない地味な作品でしたが、『ツィゴイネルワイゼン』と一緒に評価してもらえたのが嬉しい」と述べていました。これは思わぬ拾いもの、題名だけでエロ映画と判断して見逃していたら損をするところでした。

ストリッパーの島子（山口美也子）と惚れ合った男（三上寛）は、この世で最後になるかも知れないSEXをしてから、ストリップ劇場主でヤクザの亭主（草薙幸二郎）との直談判に臨みます。案の定、島子が捕らわれ、リンチされそうになって怖気づいた男は逃亡。途中、自殺場所を探して旅をしているツエ子（小川恵）や不倫カップルの漁師（石橋蓮司）とカヤ子（桐谷夏子）たちと知り合いになります。漁師に棄てられたと思ったカヤ子は傷心の男と互いを慰め合う内にSEXに。そこに漁師が帰って来て、気まずい雰囲気で酒をつき合わされている内に打ち解け、男がトイレに行って戻ると、漁師とカヤ子が腐れ縁SEXをしています。何に感化されたのか男は島子を奪い返す気でストリップ劇場に向かう途中、自殺したと思ったツエ子と再会します。今度は生き続ける気になったツエ子からお礼SEXに誘われます。その後、男はストリップ劇場に潜り込み、舞台でマナ板ショーをしている島子を発見。島子を追ってヤクザ亭主と対決するが、また殺されそうになって…。

「父さん、どうすりゃいいんだよ」と「ポロポロ」が口ぐせの、気弱な男を青森出身のフォーク歌手（70年代後半から80年代前半は俳優も）の三上寛が演じています。声だけだと高倉健みたい（ホメ過ぎ）ですが、顔は全然違います。漫画家兼タレントの蛭子能収の若い頃みたいな感じで（蛭子さんの方が年上）、何かギャップがいい味になっています。

カヤ子との慰め合いSEX場面で「入口んとこで、止めといたほうが、いいんじゃないかな？ 奥のほうまで入れたら、ヤバイことなっちゃうんじゃないかな？ まっ、いいか」とか、「父さん、また間違いをやっちゃったよ。どうしてカヤ子とオレがこんなことにならなきゃいけないのかね。お互い好きな相手は他にいるんだし。こういうのを姦淫と言うんじゃないのかね、父さん」とかボヤキます。その後、うどんを食べながらのカヤ子のセリフが「ポロポロって寂しいね、ボロボロより寂しい。このうどんも寂しいね、このキスも寂しいね」。「このオッパイも寂しいな」と言う男にカヤ子は「このオチンチンも寂しいね」。「寂しいね、寂しいな」と言い合っていると「楽しそうだな」と漁師が帰ってくる場面も何かおかしいです。

妊娠することで生きる気を固めたツエ子がお礼（だまし）SEX後、「ムシ（精子）をいっぱいありがとう」と言うと、男は「オレのムシを返してくれよ。オレのムシをそんなふうに使わないでくれよ。オレのムシは弱虫だから、そんな重荷には耐えられないよ。やめてくれよ、助けてくれよ」と懇願します。こんなセリフを顔は蛭子さん、声は健さんが言うおかしさが、もうたまりません。

どこまで田中小実昌の実体験が反映されているのか分かりませんが、弱気の開き直りと言うか、どこか飄々とした味はトーク番組などで見た田中小実昌の雰囲気そのもの。最初と最後にくり返される、雪道で足を滑らせながらフラフラ歩く姿が、頼りなく腰の定まらない男の生き方を象徴しているようでした。

ヒューマンネイチュア

2001年製作・アメリカ、フランス

HUMAN NATURE

ミシェル・ゴンドリー監督
パトリシア・アークエット、ティム・ロビンス出演

自分を猿と思っている野生人と
彼に性衝動抑制の特訓をする学者と
多毛症に悩む女性作家の奇妙な三角関係

世にも奇妙な『マルコヴィッチの穴』（'99年、スパイク・ジョーンズ監督）の脚本家チャーリー・カウフマンが書いた物語ですから、やはり変てこ奇抜な喜劇映画でした。

森の中で心理学者ネイサン（ティム・ロビンス）の死体が発見され、犯人として逮捕された内妻のライラ（パトリシア・アークエット）、ネイサンのモルモットだった野生人パフ（リス・エヴァンス）、霊界の入り口で待つネイサン、三人の証言から事件の真相が明かされます（まるで黒澤監督の『羅生門』的構成）。ライラは以前、ホルモン異常の多毛症に悩んで自殺を決意し、密林に入って全裸（正にヘアヌード）で動物と暮らすうちに心が解放され、自然界を活写してベストセラー作家になった女性です（女ムツゴロウ先生）。しかし、30歳を過ぎての発情（男欲しさ）に耐えられず、街に戻って脱毛して出会ったのがネイサン（ネズミに礼儀を教える研究者？極小ペニスに悩む35歳の童貞）でした。恋に落ちて同棲した二人は、自分を猿と思い込んだ父親に山奥で育てられた野生人パフと出会います。ネイサンはパフをガラス張りの檻に入れ、文明人に教育する訓練を助手のフランス娘ガブリエルと始めます（『ターザン』＋『マイ・フェア・レディ』？）。そして、ネイサンは脱毛中のライラを目撃してしまったショックからガブリエルと浮気をします。実験が成功し、紳士になったパフを学会で発表したネイサンは名声を得ますが、心はライラを肉体はガブリエルを愛して、私生活はグチャグチャ状態に。キレたライラは仕返しに（倍返しだ）実験室からパフを拉致し、野生に戻す訓練をして森に放そうとします。ライラの後を追って来たネイサンは、大自然の中でSEXしている二人を見て「僕も類人猿仲間にして」と頼むが断られ、パフに銃で撃ち殺されてしまい。ライラはパフに、議会で身勝手な人間に自然尊重を訴えることを頼み、パフの殺人罪を被って刑務所に入ります。証言を終えるとパフはマスコミの前で服を脱ぎ全裸になって森の奥へ去って行きます。そして、最後にドンデン返しがありますが、このオチは伏線が弱いので意図が分りづらく唐突でした。

この映画で一番笑えるのは、パフの性衝動を抑制する訓練です。催すと人前でもオナニー当り前、女性とハグしたら腰をクイクイ、レストランではウェイトレスの後ろで腰をカクカク、パフの性衝動はストレートです。その度にネイサンが「パフ、悪い子だ」とスイッチを押すと、パフの首輪に電気が流れて吹っ飛びます。我に返るといつも「取り乱しました」と謝るのがおかしい（ダチョウの竜平みたい）。ヌード写真を見せてパフに我慢させる特訓では、写真が映るスクリーンに抱きついては電気ショックに倒れ、それでも何度も立ち上がって（立ち上がれ！〝あしたのジョー〟）奇声を上げて写真に飛びつきます。自然を尊べと言うライラがパフの首輪をずっと外そうとしないのは、文明派も自然尊重派も関係ない、先進国（ネイサン、ライラ）対途上国（パフ）的主従関係の象徴のようです。公開時（'02年）は評論家に無視された作品ですが、大国のゴーマンさを世界に見せつけたイラク戦争後に封切りしていたら、作者の意図を超えた大ウケをしたかも？です。

パトリシア・アークエットは『トゥルー・ロマンス』（'93年）のタフな売春婦役で人気を得た90年代のセクシー女優ですが、この多毛症の変な女を怪演して、'02年から'13年まで12年間の長期に渡って断続的に撮影された『6才のボクが、大人になるまで』（'14年）に参加。未完成のリスクある映画に挑んだ結果、数々の映画祭で助演女優賞を獲得しました。チャレンジ精神旺盛な胆の坐った女優さんです。

ヒューマンネイチュア

セックス・チェック 第二の性

1968年製作・日本

SEX CHECK DAININO SEI

増村保造監督
安田道代、緒形拳、小川真由美出演

オリンピックの有望選手が実は半陰陽だった
それを鬼コーチが「毎晩お前を抱いて女にしてやる」と
何か変　でも引き込まれる増村ワールド

「猥々シネマ快館」の常連、増村保造監督作の紹介はもう何度目？　この『セックス・チェック第二の性』（'68年）は、今までと違って名コンビの若尾文子が登場しない映画ですが、それでも牛肉が入ってないスキ焼とは違い、若尾文子が醸し出す情念はなくても、増村監督の何か変だが引き込まれる〝そんなのアリかよ〟パワーが充満しています。

メキシコオリンピックを1年後に控え、有望選手を育成して宣伝利用したい電器メーカーの陸上部に宮路（緒形拳）がコーチに雇われます。宮路は戦争でオリンピックが中止されなければ100m走で金メダルを獲れた選手でした。今は酒と女にだらしない中年男で、職を世話してくれた親友で医師の峰重（滝田裕介）の妻（小川真由美）を酔った勢いで犯してしまいます。宮路は峰重に「コーチに10秒の壁を破りたければ獣になれと言われ、俺は狼になった」とか、「戦場で中国人を殺し、女をレイプした」とか、「俺はダメ男だ。どうせダメなら大好きなお前たちをメチャクチャにしてやれと思った」とか、「おわびに今日限り女を断つ」などと意味不明の言い訳をしてコーチを辞めます。その後、短距離走者の天分を持った野性的な少女ひろ子（安田道代）に出会った宮路は「この子を育てさせてくれ」と峰重に頼んで強引にコーチに復帰します。

宮路はひろ子にカミソリを渡し「女が11秒の壁を破るには男になれ。男の言葉を使え。毎日ヒゲを剃っていれば男になる」と命令します。（その効果と思えないが）ひろ子は好記録を出してセックス・チェックを受けると、峰重に半陰陽（両性具有）と診断されます。ショックで故郷に逃げ帰ったひろ子を宮路が追って来て、「お前は女だ、間違いない。証明してやる」と、ひろ子とSEXします。そして「疑問を持たれやすい身体だ。毎晩お前を抱いて女にしてやる。夜は思いきり女になれ、昼は思いきり練習だ。どっちも命がけ、死に物狂いでやれ」（スゴイ提案）。ハードトレーニングとストレッチを兼ねたアクロバットSEXを続けてフラフラになり、気絶したひろ子に初めての生理が訪れ、血だらけになって喜ぶ二人（スゴイ光景）。二人は勝利を確信して競技会に出場しますが、その結果は….。

前半は当時流行の劇画「巨人の星」、「あしたのジョー」、「アタック№1」のようなスポ根風で、後半は増村監督独特のハイテンションな男と女の世界に変貌していくのがおもしろい。宮路の年齢設定は45歳以上ですが、演じる緒形拳は30歳そこそこ。ギラギラしていて、精力絶倫男にピッタリです。この3年前に緒形拳はNHK大河ドラマ「太閤記」の主演を務め、以後人気俳優になっていましたが、まだ映画では新人の部類。しかし「この映画ちょっと変」と考えるスキを与えず、グイグイ引っ張っていく緒形拳の迫力には将来大物俳優になる片鱗が見られます。もうすでに緒形拳キャラは完成していたようです。

安田道代は後の大楠道代です。『ツィゴイネルワイゼン』、『愚か者 傷だらけの天使』、『顔』、『座頭市』、『赤目四十八瀧心中未遂』などでキネマ旬報助演賞を4回も受賞する演技派女優になりましたが、当時は若山富三郎の愛人でもありました。若山富三郎は「撮影所で若山先生の悪口を言ったら生きて帰れない」と言われたほど、皆に慕われた親分肌の豪快俳優です。後の〝昭和の名優〟同士、「今回道代さんをおサワリさせて頂く緒形拳でございます」と挨拶し、「おう、遠慮なくモミモミしなさい」と許可を得ていたのでしょうか。緒形拳はこれでもかと豪快執拗に道代の身体をモミモミしています。やはりいい女優は大物たちにもまれて、育つのですね。

セクレタリー　秘書

2002年製作・アメリカ

SECRETARY

スティーブン・シャインバーグ監督
マギー・ギレンホール、ジェームズ・スペイダー出演

S系の上司と自傷癖のあるM系の秘書
不思議なズレた笑いを誘発する
まっとうな変態さんのいちずな恋愛物語

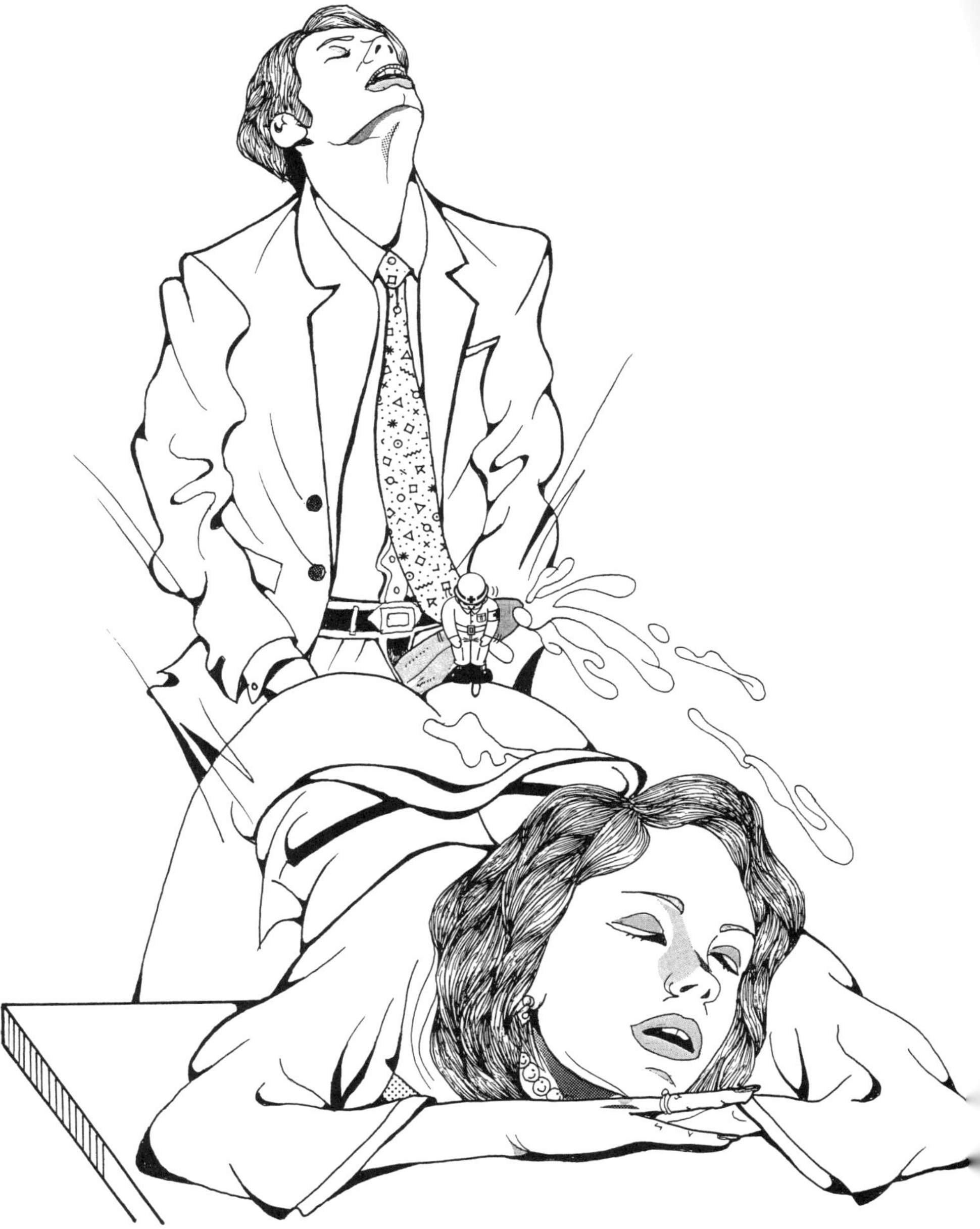

これは〝キモかわいい〟系個性派女優マギー・ギレンホールが24歳時（'02年）に初主演した映画です。後に『ダークナイト』（'08年）でバットマンの恋人にまでなったギレンホールですが、まだこの頃はヒロインが不美人な上に、よくある秘書と上司のSMパターンとの先入観が災いして、ボクはこの映画をスルーしました。ところが'05年、彼女の「（同時テロを）されても仕方ないことを行なった米国も、ある意味で責任があると思う」発言に非難の書き込みが殺到、ファンサイトが閉鎖される事件が発生しました。今や、まっとうな少数意見が排除される不自由大国アメリカで（日本も同様ですが）、勇敢に物申したギレンホールはカッコイイです（ついて行きますぜ、味方されても迷惑なオッサンが）。コロンビア大学で東洋宗教を専攻し、父は映画監督、母は脚本家、弟ジェイク・ギレンホールも若手演技派俳優（『遠い空の向こうに』や『ブロークバック・マウンテン』）。この環境の女優がありきたりのSM映画に出るはずありません。観ると、まっとうな変態さん（変な性癖を持っているが他人に迷惑かけない）のいちずな恋愛物語、従来のパターンにはない作品でした（見逃さなくて良かった）。

自傷癖のあるリー（マギー・ギレンホール）は、アルコール依存症の父と過保護の母の間で精神バランスを崩して入院。退院後、弁護士グレイ（ジェームズ・スペイダー）の秘書に応募します。完全主義でS気質のグレイは命令に従順な秘書を求めていて、退屈な仕事（タイプ打ち、コピー、お茶汲み、ネズミ捕りのエサ交換）に不満を持たないリーを気に入ります。グレイは初め優しく接しますが、彼女の傷癖に気づくと厳しい指導者に変身します。タイプミスをするとお尻ペンペン叩きに始まり、髪いじりは手縛り、背中に鞍を置き猫背矯正、人参を咥えさせて乗馬プレイとエスカレート。リーはお仕置きされるのが快感になり、おかげで自傷癖が治まり、親離れも出来て魅力的な女性になっていきます。しかし、彼女がお仕置きを待ち望むようになると、逆にグレイは酷いことをしたと反省、距離を置くため彼女をクビにします。その後、彼を忘れられないリーが結婚式場から花嫁姿で逃げて来て、ひと悶着あって結局…と恋愛映画王道の展開になりますが、二人共変態さんなので微妙にズレた変な笑いが誘発されます。

スティーブン・シャイバーグ監督の力量（演出力）が判断できないほど、ギレンホールとスペイダーの演技力（なりきり度）がスゴイです。スペイダーは『クラッシュ』（以前紹介済）の傷フェチ男も秀逸でしたが、変態さんを演じると実に巧く（一見二枚目なのに）、もう目がそっちの世界にイッてます。この映画で、彼がリーの身体に残る自傷の跡を愛でるシーンを観ると「やはり、地か」と納得。さらに、「ポテトを1匙、バターを1切れ、豆を4粒」と呻きながらオナニーするリーや携帯自虐セット（いつでも自傷できるように道具を一式用意している箱）とか、ツッコミ所が豊富です。

驚きの場面を紹介。冷たい態度のグレイを挑発するため、リーは大ミミズを封筒に入れ（押し花ならぬ押しミミズ）彼に送ります。それに彼は興奮（何でや）、リーを机に腹這いにさせ、パンティを下げるように命令。バックSEXを期待するリーの意表を突いて、猛センズリでリーの背中に爆射します。その後、リーはトイレに入り、彼が赤ペンでミスをチェックした書類に背中の精液を塗って壁に貼りつけ、それを見ながらオナニーをします（ついていけない？　お客さん退かないで…）。

セクレタリー　秘書

D坂の殺人事件

1998年製作・日本

D ZAKA NO SATUJINJIKEN

実相寺昭雄監督
真田広之、嶋田久作、吉行由実、大家由祐子出演

SM画に興味のある人は二倍楽しめます
推理場面よりも詳細な責め絵制作場面がおもしろい
真田広之がキモイ天才贋作絵師役で出色の演技

日本推理小説界の父・江戸川乱歩の「D坂の殺人事件」を、ウルトラシリーズの父・実相寺昭雄監督が映画化しました。光と闇を際立たせたスタイリッシュな映像で映像の魔術師と呼ばれ、怪獣特撮物やエロティックな作品に非凡なセンスを発揮した実相寺監督は、'94年に乱歩の『屋根裏の散歩者』を撮り、ほぼ同じスタッフで'98年に『D坂の殺人事件』を撮りました。推理劇としてイマイチと思っていましたが、観直すとSM画に関するエピソードが前より数倍おもしろく感じました。

それは、ボク自身がエロ絵を描き始め、「奇譚クラブの絵師たち」（濡木痴夢男・著）などの本を読んでSM画の認識が増したことと、『たそがれ清兵衛』（'02年、山田洋次監督）を観て以降、俳優・真田広之への好感度が上がったことが大きな要因です。初めは印象の良くなかった映画が、経験増加によって印象アップすることが映画鑑賞していると多々あります。だから映画はおもしろい、一度観ただけで判断してしまうのは早漏イヤ早計です。

ちなみにD坂は本郷団子坂のことで、〝団子坂殺人事件〟ではコミカルですが、さすが乱歩先生、〝D坂〟にすると英国ミステリー風です。で、映画のタイトルと被害者が古書店の女主人（吉行由実）である点、事件の背後にSMが潜んでいる点が原作通り。後は犯人を先に観客に示し、名探偵・明智小五郎（嶋田久作）が展開する推理は名作「心理試験」からの引用で、原作とは少し異なる物語に仕上げています。

物語は昭和初期、D坂の古書店の女主人がSM画の鬼才・大江春泥の絵の偽造を天才贋作絵師・蕗屋（真田広之）に依頼するのが事件の発端です。話の半分以上を占めるSM画制作場面では春泥と蕗屋の作品として、'70年代SM雑誌の挿絵で活躍した前田寿安の淫美な絵を多数使用しています。SM画を買い求める収集家たちが「縛られた女の乱れた黒髪がいい」とか「猿轡に魅かれる」と言うのが、「そうそう、分かる、同好の士よ」的感覚で何とも嬉しい限りです。

責め絵制作にのめり込んでいる蕗屋は贋作を2部作った後でオリジナルを焼却しています。化粧して自分を縛った姿を鏡に写し、片手で絵を描く（神ワザ）。理解はできないが感心します。以前は真田広之の演技に退いたが（嫌じゃないけど、器用でやり過ぎる所が鼻につく）、それが『たそがれ清兵衛』を観た後は何をしても許せます。こんなに巧いのなら、もうとことん演ってという感じ。真田広之は絵師役を『写楽』（95年、篠田正浩監督）でも経験済みで、キモイSMナルシスト蕗屋は地かと錯覚するほどのなりきり度でした。

春泥と蕗屋には、この時代に実在した責め絵師・伊藤晴雨のキャラが取り込まれていて、責め絵のモデルの名前も晴雨と竹下夢二が奪い合ったお葉（本名は鈴木かねよ）を連想させる名前でお蝶。そして、蕗屋がモデル嬢を縛って様々なポーズをスケッチ中、気が乗らず筆を投げた蕗屋を誘惑しようとしたモデル嬢が彼の股間に触って驚き、冷笑を浮かべて帰ってしまう場面があります。これは異常なナルシストの蕗屋が生身の女に興味が湧かず、絵の中の女にしか勃起できないのだと思いました。しかし、晴雨が真性包茎コンプレックスからSM画に走ったという逸話を知ると、この場面の解釈が変わりました。モデル嬢が帰り際に壁に飾っている天狗面の巨大な鼻を撫でて皮肉な笑いを浮かべるのは、粗チンへの当てこすりのような気がしましたが…どうでしょう。

フリーダ

2002年製作・アメリカ

FRIDA

ジュリー・テイモア監督
サルマ・ハエック、アルフレッド・モリーナ出演

事故で傷跡だらけになった身体
バイセクシャルの妻が夫と彼の愛人を共有
実在した女流画家の伝記的映画

『フリーダ』は実在した女流画家フリーダ・カーロの伝記的映画です。今までも、ゴッホやモジリアーニ、ロートレックなど美術史に名を残しながら幸薄い人生だった画家は恰好のドラマ素材です。他にも波瀾万丈の運命を生きたレンブラントやカラバッジョ、エゴン・シーレの映画も作られていますが、女性画家の映画は稀です。近年、女性画家の業績が見直され、人気高いフリーダの人生を女性の製作者・監督の手で紡いでいます。

1907年メキシコに生まれたフリーダ（サルマ・ハエック）は18歳の時、恋人と乗っていたバスが電車と激突する事故で、一命は助かったものの右足は砕け、腰骨や脊椎を損傷、鉄棒が腹を貫通する重傷を負います。恋人と別れ、ギブスで固定された孤独な療養期間中、鏡に映る自分の姿をモデルに絵を描き始めます。3年後、奇跡的に歩けるようになると自作の絵を携えて、売れっ子の壁画家ディエゴ・リベラ（アルフレッド・モリーナ）を訪ねます。ディエゴは巨体（あだ名が太鼓腹）の四十男で、気の善い優れた画家だが性欲旺盛、すぐモデルと寝てしまう離婚常習者でした。ディエゴに画才を認められたフリーダは芸術家たちのパーティで人気者になり、22歳でディエゴと結婚します。そして妊娠し、流産し、止まらないディエゴの浮気癖が（フリーダの妹ともSEXする始末）フリーダを苦しめ、彼女は心の苦悩を吐き出すように絵を描き続けます。32歳の時、彼女はロシア共産主義の指導者でメキシコに亡命して来たトロツキー（ジェフリー・ラッシュ）の世話をするうちに魅かれ合って関係を持ち、ディエゴの希望で離婚します。翌年、トロツキーが暗殺されるとディエゴと再婚、その後、次第に傷が悪化して、ディエゴに看取られ47歳で死去します。

フリーダ

ボクは映画を観るまで、フリーダの自画像(口ひげが生え、眉が一本につながった顔)と〝愛と苦悩の画家〟の肩書きだけで知ってるつもりになっていました。病と夫に苦しめられた不幸な女が頑張る物語と思ったら大間違い。事故の後遺症はあるものの、イケイケで関係した男は有名人ばかりの〝あげまん〟人生。自慢かよ、と思いましたが、全て自伝どおり（自伝がウソなら分りませんが）。トロツキーなど70歳超ですから、歴史に残った人の下半身はやはりタダモノでないです。また、フリーダは両性愛（バイセクシャル）でディエゴの浮気相手たちとレズ関係もある、そんなトンデモ夫婦だから感心しても感動はしません。ゴッホやモジリアーニのように貧困の中で死んだ画家に比べ恵まれ過ぎです。15歳で両足が折れて侏儒になった画家ロートレックが身体にハンディがあっても貴族の家に生まれた彼が生活費に困らなかったように、夫の収入で不自由なく生活し、好きな絵を描き、夫の友人たちの協力で世間に評価されたのだから（漫画家のアシさんから編集者に認められてデビュー、師匠より有名になった漫画家みたい）勿論才能は必要ですがラッキーです。フリーダより昔の女画家は男社会（師弟関係）の中でレイプされたり、父親や夫の名で作品が発表されたり、ひどい扱いをされた例がありますから（時代が違っても）運が良い方です。

彼女はディエゴの元妻や裏切った妹も許して受け入れますから、かなり度量の広い女性と思います。だから傷跡だらけの身体でも気後れすることがなく、男女の区別なくモテたのでしょう（傷跡持ちのボクも勇気づけられる）。ディエゴとのＳＥＸ相性も良かったようで、「傷跡がある」と恥じる彼女に「見せて。すばらしい、完璧だ」と彼は傷跡にキスします。ディエゴは傷フェチだ（納得）。

北斎漫画

1981年製作・日本

HOKUSAI MANGA

新藤兼人監督・脚本
緒形拳、田中裕子、樋口可南子、西田敏行出演

「北斎漫画」じゃなくて「北斎エロ画」です
天才浮世絵師・葛飾北斎が描いた
海女とタコSEX図の誕生にまつわる秘話

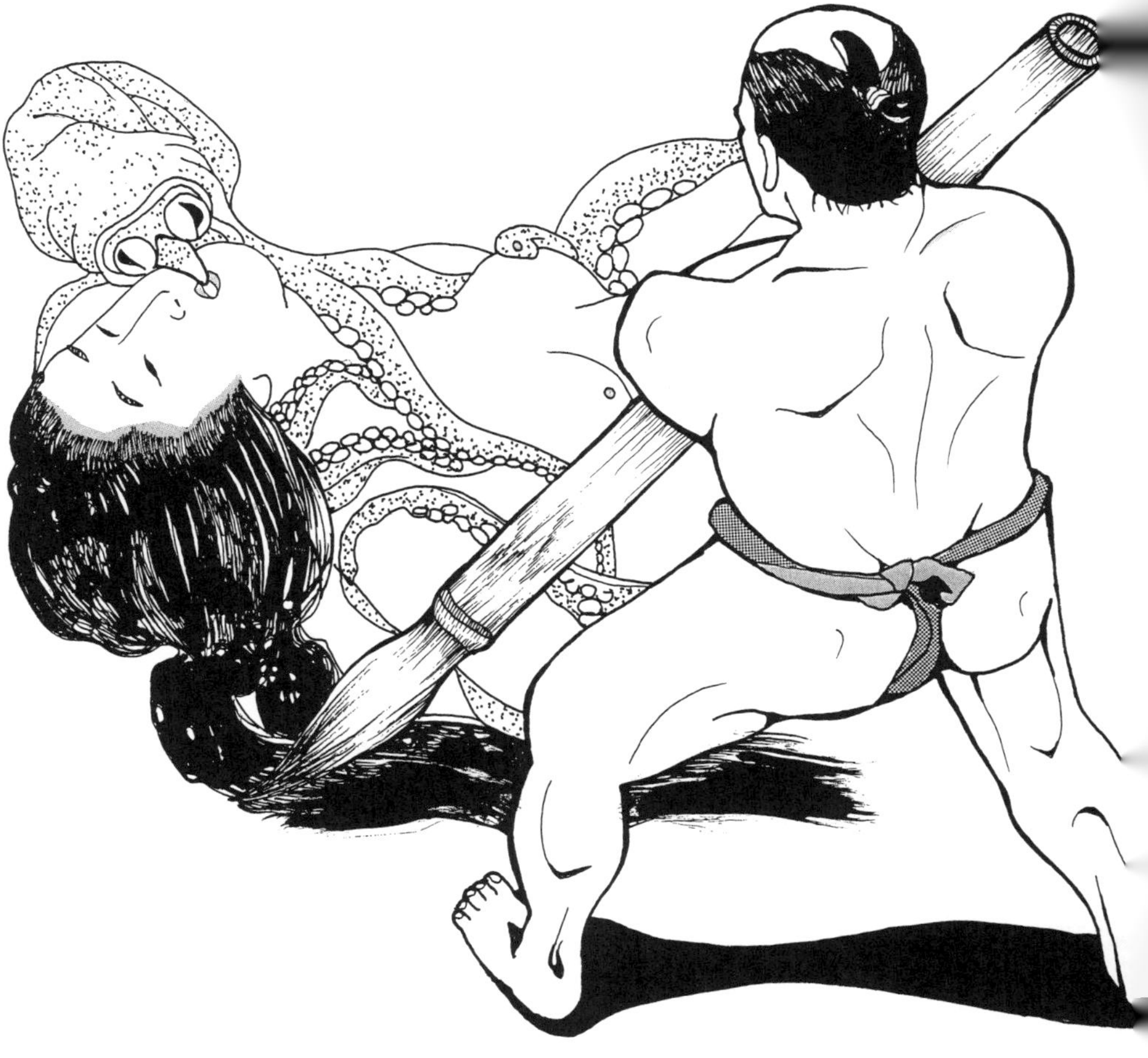

ボクは浮世絵ファンで、浮世絵師が主役の物語が大好きです。小説家・藤沢周平が描いた人間臭い北斎、広重、歌麿や、劇画家・上村一夫が「狂人関係」で活写した晩年の北斎と周辺の浮世絵師物語には夢中になりました。しかし、映画の『写楽』('95年、篠田正浩監督)や『歌麿をめぐる五人の女』('59年、木村恵吾監督)はイマイチ乗れず、『北斎漫画』('81年、新藤兼人監督)も20年以上前、封切り時に観て感動しませんでした。今回観直して、やはり新藤監督の映画としては物足りなく思いましたが、ボクが成長したのか?違う驚きを感じたので、賛辞と愚痴を取り混ぜて述べてみます。

まず、新藤監督のキャスティングが楽しい。緒形拳(北斎)、田中裕子(娘の栄)、フランキー堺(養父)、樋口可南子(愛人の直)、西田敏行(滝沢馬琴)、乙羽信子(馬琴の妻)、大村昆(式亭三馬)、宍戸錠(十返舎一九)、愛川欽也(歌麿)など、もう亡くなった人や今や大ベテランの若々しい姿が懐かしいです。物語は北斎、栄、馬琴の愛と友情を中心に、30代半ばの北斎が画風の迷いを脱却して世に出るまでと、89歳になった北斎が直をモデルに春画の傑作「喜能会之故真道」(海女とタコがSEXしている図)を描き上げるまでの、言わば二幕芝居です。だから、スパッと省略されてしまった北斎の画業や人生を知らない人には、いくら緒形拳が熱演しても、なぜ北斎は絵が売れても貧乏で他人に迷惑をかける〝困ったちゃん〟なのか分りません。この映画で共感するのは天才・北斎よりも努力家・馬琴の(史実とは違う)生き方です。馬琴は金を蓄えて、言わば定年後に読本作家になる計画で、侍から下駄屋の婿養子になり、口うるさい年上妻に気を遣ってコソコソ生きています。病気になった妻が「あなたは家をつぶしに来た人です。先祖代々の店をつぶすからには、一人前の読本作家にならなければだめです」と言い残して死亡します（乙羽さんが良い味）。それから馬琴は創作だけに精進し、傑作を書き上げます。栄は馬琴を好きでしたが、クソ真面目な馬琴は気づかず、82歳になって70歳の栄を抱きます。「お婆さんになっても柔らかい肌だね、おっぱい吸ってもいいですか」と乳を吸いながら死ぬ馬琴（西田好演）、まさに男の本懐（うらやましい）ですなぁ。

魔性の女・直で全裸披露の樋口可南子は脱ぎっぷりが大胆なだけの新人でしたが、今は艶も演技力もある名女優です。同じく新人ですが田中裕子の存在感と演技力は別格で、北斎に対して「人の絵のいいところばかり盗んで器用につなぎ合わせた絵だから売れない」と意見する、おいしい役どころで緒形拳をも食っていました。

見せ場のタコSEXは何か変、発想はスゴくても…タコて？　やはり変です北斎先生（と言いつつ、タコの口か鼻を樋口可南子がフェラする場面にコーフン）。一番ゾクッとしたのは、田中裕子の婆ちゃんヌードで、白髪にシワ描いた老けメークで肉体は20代のピチピチ、いやぁ、好かった〜、はい、ボクも変でございます。

北斎は「70歳までに描いた絵で良いのはない、73歳で本当の描き方が分かり、80歳で進歩、90歳で上達、100歳で神技になる」と（ボクでも希望が持てる）名言を残しています。新藤監督がこの映画を撮ったときは70歳。80歳、90歳を超えても意欲的に新作を発表し、100歳で亡くなった新藤監督の姿は北斎のようです。ちなみに、栄も画才に恵まれていて、北斎晩年の絵は彼女の代筆という説もあります。北斎の名画が実は栄の作、という視点の映画も観てみたいものです。

北斎漫画

弓

2005年製作・韓国

THE BOW

キム・ギドク監督・脚本
チョン・ソンファン、ハン・ヨルム、ソ・ジソク出演

孤独な老人と美少女の不思議な愛情劇
見方によってはエロ爺の少女拉致監禁飼育事件
韓国の鬼才監督、異端児キム・ギドク作品

波瀾万丈の恋愛劇や過激なアクションドラマが売りの韓国映画界で、独自の愛憎劇を描き続けるキム・ギドク監督。異端児と目され、国内での不人気にキレて、韓国映画決別宣言をしたこともありますが、国外の映画評論家の評価は高く、ベルリンやヴェネチア映画祭では受賞常連監督です。暴力的でシュール、セリフは少なく映像で見せる作風、異業種からの映画監督転身と、ちょっと日本の北野武監督作品と共通する部分があります。

抑えられない怒りとエロス、自虐的痛さのある『悪い男』（'01年）を経て、人間はやがて霊魂と化して自然の中に溶け込んでいくことを悟る『春夏秋冬そして春』（'03年）に至り、人の業の深さを描く姿勢は変わらないものの、優しさや癒しに目を向けた『サマリア』（'04年）『うつせみ』（'04年）へとギドク作品は続いています。この『弓』（'05年）では、角が取れたのか怒りもパターン化し、エロスも大人しくなったと思ったら、どっこい最後に奇天烈なエロスが用意されていました。美しい映像で感性に訴える、見なければ分からないギドク世界ですから、ネタバレであらすじを書かせてもらいます。

海上に浮かぶ船の中、弓の名手の老人（チョン・ソンファン）が10年前から少女（ハン・ヨルム）と二人だけで暮らしています。孤独な老人は少女が17歳になれば結婚する予定で、目前に迫ったその日を楽しみに待っています。老人はもう一艘の船で釣り客を送迎して収入を得、頼まれると占い（少女を的にして矢を射ると少女に神意が閃き、それを少女から老人に伝え、老人が客に伝える奇妙な弓占い）もしています。夜になると老人は少女の身体を洗い、手を繋いで眠りに就きます。二人は強い信頼感で結びついていたはずでしたが、釣り客の若者（ソ・ジソク）に少女が恋をしてしまい、老人は若者に嫉妬して諍いが起こります。

終盤の老人と少女の船上結婚式場面には不思議なエロティシズムが充満しています。白く薄い衣装を羽織って少女が眠りにつくと老人は天に向けて矢を放ち、海中に飛び込んで姿を消します。眠ったままの少女の着物の裾が捲り上がり、まるで透明人間とSEXをしているみたいに妖しく腰を振ります。すると空から矢が返ってきて、少女の股の前に突き刺さります。蠢きと喘ぎ声がさらに高まって少女は絶頂に達し、目覚めると、矢が刺さった敷布に破瓜の血痕が残っています。

『悪い男』のラストシーンにはF・フェリーニ監督の『道』を想起しましたが、『弓』では芥川龍之介の小説「老いたる素戔嗚尊《すさのおのみこと》」が頭に浮かびました。妻を亡くし、娘の素世理姫《すせりひめ》と暮らしている勇者・素戔嗚の宮殿に葦原醜男《あしはらしこお》と名乗る若者が訪れます。醜男と素世理姫が恋に落ち、嫉妬した素戔嗚は様々な罠を仕掛けて醜男を殺そうとして悉く失敗します。去って行く素世理姫と醜男の舟に向って素戔嗚は強弓を引き絞り、醜男を射殺しようとします。若者への老人の嫉妬、弓、舟、神話的ムードなどが結びついて、ふとこの「老いたる素戔嗚尊」の物語を思い出しました。

この後もキドク監督は異色の問題作を撮り続け、『悲夢』('08年、オダギリジョー主演)から3年間隠遁生活に入り、『嘆きのピエタ』('12年)でヴェネチア映画祭の金獅子賞を獲得して復活します。近作の『メビウス』('13年)では母親が息子のムスコを切り取るわ、レイプされた女がレイプした男のムスコを切り取るわ、痛みによってオーガズムを得て射精するわ、ギドクの暴走が止まりません。この先、この人はイッてイッてしまうのでしょうか('17年、女優に暴行の疑いで訴訟沙汰)。

魚影の群れ

1983年製作・日本

GYOEI NO MURE

相米慎二監督
緒形拳、夏目雅子、十朱幸代出演

ふしだらさと可愛さが混ざり合った大人の色気で
大女優のさすがのフェラ艶技
相米慎二監督の有名な長回し撮影で醸し出す情感

'01年に肺ガンで亡くなった相米慎二監督（享年53歳）がデビュー作の『翔んだカップル』（'80年）から『セーラー服と機関銃』『台風クラブ』『お引越し』『あ、春』、そして遺作の『風花』まで残した劇映画は13本。独特の長回し撮影が玄人筋（評論家）に評価の高い相米作品ですが、「おもしろいか？」と聞かれるとボクは微妙です。だけどもかなり観ていますから、やはりどこか何か魅かれるものがあるのは確かです。

『魚影の群れ』（'83年）は、青森の大間の海で小型船を操って巨大マグロの一本釣りに賭ける漁師の姿を娘夫婦や元妻との愛憎を絡めて描いています。カメラ長回しワンカット撮影でマグロを仕留めるシーンは現実そのままの迫力（スタッフも大変だ）。下手をしたら手足や命まで失ってしまう漁師の過酷さが痛々しくリアルに伝わってきます。

物語は「初めの夏」「一年後」「終りの夏」の3章に分かれています。

「初めの夏」…マグロを釣り上げることしか眼中にない凄腕の漁師・小浜（緒形拳）は、20年前に妻のアヤ（十朱幸代）に逃げられ、以来一人娘のトキ子（夏目雅子）と暮らしています。そのトキ子も24歳になり、漁師志望の恋人・俊一（佐藤浩市）を連れて来ます。最初はマグロ漁を教える事を拒んだ小浜ですが、やがて根負けして一緒の舟に乗せます。しかし、不慣れな俊一が瀕死の重傷を負い、人命よりマグロを釣ることに重きを置く小浜にトキ子が怒って大間から出て行ってしまいます。「一年後」…小浜は北海道の漁港に遠征し、そこで元妻のアヤと再会する。共に人生に疲れた二人は再出発の歩み寄りを見せますが、やはり元の鞘には戻れません。「終りの夏」…衰え始めた小浜と一人前の漁師になって大間に帰って来た俊一・トキ子との葛藤、そして悲しい結末が訪れます。

エロス的に注目をしたのは、小浜と元妻・アヤのエピソードです。アヤは20年前、5歳のトキ子と小浜を捨てて若い男と駆け落ちした女。その後、彼女のために漁師が一人死んで〝いわくつきの女〟と呼ばれ、北海道を流転します。再会した時、アヤは小浜が追って来たと思い必死で逃げるが、誤解が解けると懐かしげに語り合い、港に停泊中の小浜の船に酔っぱらって来てSEXを求めます。咲いて寂しく散っていく徒花のような熟女（アヤの年齢は40代半ば以上）の色気がたまりません。「なして逃げただ」と問われると「忘れちまったぁ」（そんなもんかい）。この可愛いふしだらさが醸し出す雰囲気がいい。アヤに扮した十朱幸代は70歳代になってもその容姿の若さに皆がビックリしたという年齢の壁を超越したモンスター女優です（この映画のとき40歳）。しかも豊満で形のいい美乳の持ち主で、ヌード目当てに中年オジサンが映画館に押しかけたという伝説も納得です。

そのSEXシーンですが、封切時に観たときはフェラをしているのが分りませんでした。緒形拳（このとき実年齢45歳）の股間に顔を伏せたまま十朱幸代が「トキ子に会いてぇなぁ。今、どこさ居るの？」などとしゃべりかけるのですが、舌足らずな声でした。東北の方言に縁がないボクは、この映画のセリフは大部分意味不明でしたが、この場面はナニを口に含んでいるから言葉がハッキリしないというスーパーリアル演出だったのですね。相米監督、ベテラン女優になんてことをさせ…イヤさすがです。この映画には夭折した伝説の美人女優・夏目雅子と佐藤浩市のSEXシーンもありますが、緒形拳と十朱幸代、後の紫綬褒章授章コンビのSEX艶技はやはり格が一枚も二枚も違う感じでした。

KEN PARK

2002年製作・アメリカ、オランダ、フランス

KEN PARK

ラリー・クラーク、エド・ラックマン監督
ジェームズ・ランソン、ティファニー・ライモス出演

「舌はそこよ、いい子ね、上手だわ、舐め続けて」
親も子も変！キワどいセリフに過激な性描写が加わり
製作国では一般公開を禁止した問題作

ドラッグとSEXで明け暮れるニューヨークのストリートキッズの生態をキワどいセリフ回しで描いた映画『KIDS（キッズ）』（以前紹介済）。その脚本家（ハーモニー・コリン）と監督（ラリー・クラーク）が7年ぶりに再コンビを組んだ作品です。今度は大都会から西部の田舎町に舞台を移していますが、生々しいドキュメントタッチとヤバいセリフは健在。それに前作と違ってポルノ顔負けの過激な性描写が加わり、子供たちよりも問題のある親たちが登場するアンモラルな内容で、製作国は一般公開を禁止しました。しかし、日本はこの問題作を'03年秋に世界初の一般公開をしていますから、わが国の何でもアリの容認精神（モラルないのか）はスゴイものです。

中流家庭の町カリフォルニア州・ヴァイセリア。公園でスケボー好きの少年（ケンパーク）がビデオカメラの前で微笑みながら拳銃自殺をします。そこから、彼と知り合いらしい3人の少年（ショーン、クロード、テート）と少女（ピーチズ）の生活がオムニバス的に語られます。ショーンは恋人（ハナ）とその母ともSEXを楽しんでいて、ハナが登校すると、まだ幼い妹がテレビを見ている家に行き、寝室でショーンはハナ母に「ゆっくりとね、その調子、いいわ、丁寧に舐めて、そこが感じるの、少し速くして、私に合わせて、いい子ね、上手だわ」と言われながら犬のように舐め回します。ショーンは「ハナと要求もアレの匂いも同じ」と言い、「何回イッた？　ボブのより大きい？」と聞くと「大きいわ」と答えるハナ母。彼女はスポーツ選手だった夫（ボブ）と学生時代からのカップルで特に不満はなく、ショーンの母とは友達です（ハナとショーン母も仲良し）。食事会でショーンはハナ母の前で平気でハナやボブと普通に会話を交わすのです。

クロードの父はアル中の失業者で、筋トレ好きのマッチョ。母親ベッタリの生白いスケボー少年のクロードとは何かと衝突しています。妊娠中の妻にSEXを拒否されたクロード父は売春婦をひやかしに行き、酔って帰宅すると寝ているクロードのパンツに手を入れしゃぶりつく（息子のムスコに、近親相姦ホモ?・）。「何だよ」と跳ね起きたクロードに「寝てろ、父さんだ」（笑）、そして「俺は孤独だ」と泣く始末。クロードは家出を決意します（公正な第三者の目で見てもそれがいいと思う）。

テートは思考回路が違うと言われている、チョット（イヤかなり）異常な少年。彼はテレビで女子テニス選手が球を打つ時の気合声を聞きながら、ドアノブにヒモをかけて首吊りオナニーをしています。ある夜、彼は真っ裸でナイフを持って、祖父を「戦争話が好きなウソつき」祖母を「プライバシーに入り込む無神経な女」と言って刺し殺してしまいます。

優等生のピーチズは亡き母親似の彼女を溺愛する父と暮しています。S性癖の彼女は恋人をベッドに縛って、焦らしフェラしているところを信仰心厚い父に見つかり、きびしく折檻されます。変にまじめなちょっとアブナイ父は自分と母が結婚した時の衣装を持ち出して、ピーチズに着せて父娘結婚式（何?コレ）を行います。

少年達の相互関係はあいまいなまま、ケンパークは死ぬ前に恋人から妊娠を告げられていた事が分かります。彼は将来ヒドイ父親になりたくないから自殺したのか？　一見普通の家庭に見えても、裏で親子関係が何か変になっている現代社会。家庭を犠牲にして発展した利益優先社会の歪みを見ているようでウスラ寒くなります。こんな社会では子供を作る気になる訳ない、出生率低下は無理からぬ事態です。

KEN PARK

サード

1978年製作・日本

THIRD

東陽一監督
永島敏行、森下愛子、島倉千代子出演

「どの女でイクんだ」「赤いセーター」「俺の女だ」
少年院の少年たちは想像レイプしてオナニー
リアルな存在感、シロウト演技が逆に本物っぽい

『サード』（東陽一監督）は'78年度キネマ旬報のベストワン映画ですが、ボクは少年院が舞台の説教じみた話と勝手に思い込んで、エロス場面もないだろうと敬遠していました。それが、観たら予想外のおもしろさ、今でも主人公の少年に共感を覚え、カッコイイと感じます。これが映画出演2作目で初主演の永島敏行のシロウトさ丸出しの生硬な演技がむしろ本物っぽく、他の登場人物全員の存在感もリアルです。

映画の主人公は殺人罪で少年院に収容された18歳の少年（永島敏行）サード（高校野球の三塁手）。登場人物は全てニックネームで呼ばれ、IIB（数学が得意）、オシ（寡黙）、とべちん（飛行機好き）、短歌（思いを短歌に込めて詠む）、他に小指、異論、漢字…そこにその者の特徴が凝縮されています。サードは足と頭の回転が速く、肝の据わった少年で、家庭裁判所の審判員が「少年院送りを決めた後は眠れない晩がある」と言えば「それは何日ぐらい眠れないのですか」と聞き返し、列車で護送中、係員が手錠を隠そうとすると恥じることなく断ります。心では歯が浮くと思いながら、来賓の前で母に感謝する言葉を述べて大人たちを感動させますが、実際は面会に来た母（人生いろいろ、島倉千代子）をアンタと呼び、冷淡な応対をしています。優等生的に振舞っているが、院の粗暴な先輩アキラには暴力で対向し、ヤクザが刺青をチラつかせても全く臆しない少年です。

サードが回想する高校時代は級友のIIB、新聞部（森下愛子）、テニス部（志方亜紀子）と退屈な田舎町から大きな街への脱出を計画、「この町を出る金が欲しい、身体を売ろう」と売春を始めます。ある日、新聞部がヤクザ（峰岸徹）に捕まり、救出に行ったサードはヤクザを殴り殺してしまいます。サードが殺人に至った経過は紹介されるが、他の経歴は一切紹介されることはなく、少年たちが罪を犯した原因を家庭環境や社会の歪みに結びつけることもなく、客観的に突き放した視線で淡々と日常生活を追います。

元少年院教官の軒上泊の小説「九月の町」を詩人・作家・映画監督の寺山修司が脚本化しているとは知りませんでした。寺山ファンなので、それならもっと早く観ていましたが…。原作を読んではいませんが、短歌を詠む少年の存在とかサードのセリフで「ホームインしようとするとホームベースがない。俺はまた走り出す。帰るべきホームのないランナーは、ただ走るだけだ。走り回ってとうとう俺はへたばってしまう。ホームベースとは…一体何だ」とかのセリフは、いかにも寺山修司的言い方だと思いました。

笑えるエロスシーン。少年院には3ヶ月毎に社会奉仕団体（SBC）の女性たちが来て、会話したり、短歌を作ったり、ソフトボールをするのですが、少年たちは（何が楽しみで来るのかね、こいつら）と思っています。その夜は「今夜はどの女でイクんだ」「赤いセーター」「ダメだ、俺の女だ」「いいから、早く決めてよ」などと言って、想像レイプでオナニーします。それと、売春する前に処女卒業しようと、写真部暗室でテニス部の相手をIIBが、図書室の片隅で新聞部の相手をサードが務める場面。ズボンを脱ぐと新聞部が「ふ～ん、そうなってるの。ねぇ、触っていい？」、「変なことするなよ」とサード（この場で変て）。今は年齢不詳のトンでる母親やオバサン役で活躍している森下愛子の不思議少女時代が可愛いです。彼女をSEX責めでヒイヒイ言わせる客(出番は短いが峰岸徹)はハッキリ見せませんが（見せたらダメ）擬似ペニスパンツ着用していて、いかにもその道のヤクザらしいリアリティがありました。

サード

アイス・ストーム

1997年製作・アメリカ

THE ICE STORM

アン・リー監督
ジョアン・アレン、シガニー・ウィーヴァー出演

親はダブル不倫、子供同士はティーンSEX
一見幸福そうな中流家庭が崩壊していく物語
これでも修復可能？　欧米の気持ちは分かりません

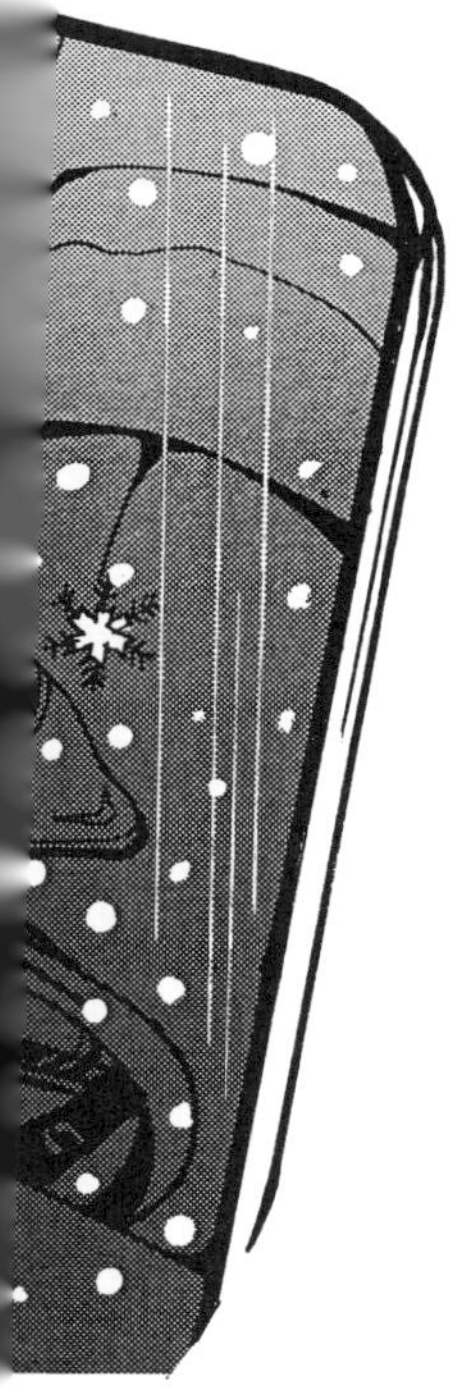

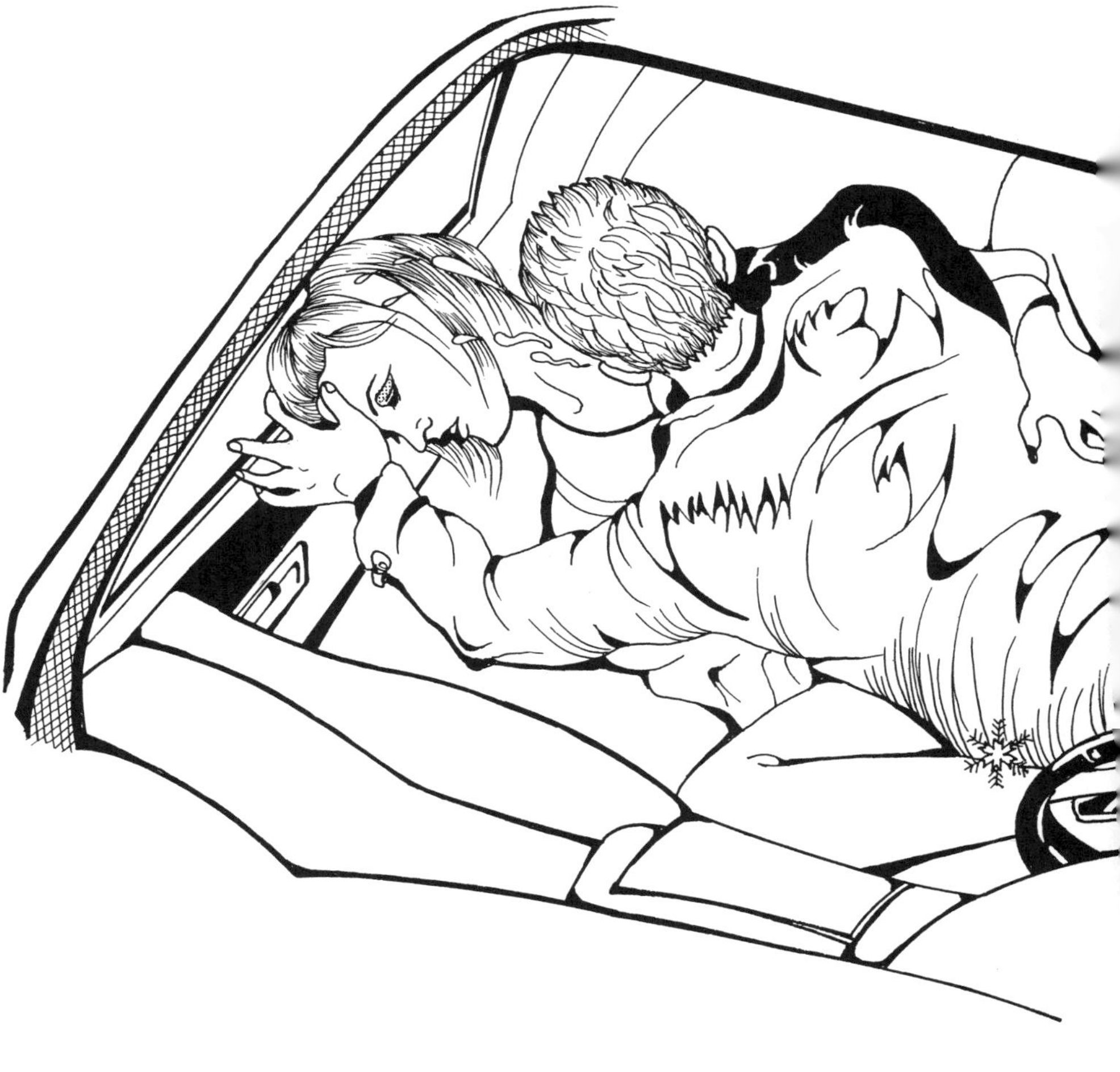

カウボーイの同性愛を描いた『ブロークバック・マウンテン』（'05年）でアカデミー監督賞を受賞した台湾出身のアン・リー監督。監督2作目はゲイの偽装結婚の『ウエディング・バンケット』だから、またそこへ帰ったようですが、その間の作品群は台湾料理人の家庭劇『恋人たちの食卓』、19世紀の英国良家姉妹の恋愛劇『いつか晴れた日に』、南北戦争が背景の暗い青春劇『楽園をください』、中国武侠剣劇『グリーン・デスティニー』、コミックの実写版『ハルク』など、時代も国もバラバラです。リー監督に描けないジャンルはないようですが、多様過ぎて、本領はどこにあるの?と思ってしまいます。

そこで気になるのが『アイス・ストーム』('97年)。親はダブル不倫、子はSEX遊戯に走り、一見幸福そうなアメリカ中流家庭の仮面が剥がれていく物語です。ちょっと『アメリカン・ビューティー』('99年）を先取りした趣のある映画。そして『スパイダーマン』のトビー・マグアイア、『ロード・オブ・ザ・リング』のイライジャ・ウッド、『モンスター』のクリスティーナ・リッチら、実力派のスター（トビーが狙う美少女はトム・クルーズの3度目の結婚相手ケイティ・ホームス）が揃ってアブナイ役を演じているのも注目です。

'70年代ニクソン大統領時代。2組の友人家族。フッド家は楽天家の夫ベン（ケヴィン・クライン）と繊細な妻エレナ（ジョアン・アレン）、人の良い兄ポール16歳（トビー・マグアイア）と複雑な年ごろの妹ウェンディー14歳（クリスティーナ・リッチ）の4人家族。カーバー家は出張の多い夫ジム（ジェイミー・シェリダン）と長身で華がある妻ジェイニー（シガニー・ウィーヴァー）、風変わりな兄マイキー14歳（イライジャ・ウッド）と性に目覚めた弟サンディーの4人家族。フッド家のベンとカーバー家のジェイニーはゲス不倫中、フッド家のウェンディーはカーバー家のマイキーとつき合いながら、弟も誘惑します。おもしろかった場面はカーバー家の寝室でベンとジェイニーがSEXする直前、ベンは妻が気づいたようだと言い出します。単純に楽しみたいだけのジェイニーはグチをこぼすベンにウンザリして黙って外出してしまいます。下着姿のままで帰りを待ち続けるベン。そこへマイキーとウェンディーが帰宅して、反ニクソンのウェンディーがニクソンのゴムマスクを被り「パンツは脱がない、触るだけよ」とSEX遊戯を開始（まるでニクソンがヨガっているようで笑えます）。ニクソン顔を見て勃起するマイキーもスゴイわ。ベンが出て来て「14歳で処女を捨てる気か」と説教を始めます（アンタに言われたくないが）。

後半、凍てつく嵐の夜のパーティーもおもしろい。参加した夫婦の車のキーを集め、その中から妻がキーを選び、その持ち主と帰るという夫婦交換会。ベンとエレナは知らずに参加、ジムとジェイニーも来ています。途中、「マリア（ミニ姿の若づくりママ）は息子と来たぞ」「誰か娘と来ないかな」なんて男たちの声。マリアが当たった男と嬉々として帰るのを無表情で見ている息子（親離れ出来てる）。この息子がジェイニーに当たって、期待していたベンは取り乱してトイレで酔いつぶれます。そしてエレナとジムが当たり、ジムは「友達で妙な関係になるのはムリ」と言うが、エレナは夫への仕返しからか、自ら誘ってカーSEXに及びます。慌てたジムは入り口でお漏らしをしてしまい「何てことだ、情けない、許してくれ」と。気が治まったエレナは夫との仲を修復しようと思い始めます。

こんなこじれた関係が修復可能？　中出ししてないからセーフなの？　気まずいと思うが…欧米の気持ちがボクは分からない。

アイス・ストーム

ヴァイブレータ

2003年製作・日本

VIBRATOR

廣木隆一監督
寺島しのぶ、大森南朋出演

「彼を食べて、彼に食べられた」男と女の二人芝居
トラックの運転席で交わされる会話とSEX
懐かしいロマンポルノやニューシネマの雰囲気

タイトルを見てSEX用具を想像してしまうのは、ボクだけ？（このタイトルから、そう思う方が一般的と思いますが）とにかく、この映画に大人のオモチャは登場しませんが、オナニー、フェラ、放尿、全裸シーンなどがしっかりある映画です。

フリーライターの玲（寺島しのぶ）は独身31歳。頭の中で考える声が煩くて不眠症気味で、飲酒と食べ吐き（おいしく食べて、吐いて痩せて、ぐっすり眠る）が止められない生活です。雪降る夜のコンビニでワインを物色中に出会った大型トラック運転手(大森南朋)のいい匂いに惹かれ、「あれ、食べたい」と言う心の声に従い、男を追ってトラックの運転席に乗り込みSEXをします。男の名は岡部、妻子持ちの28歳、フリーの運転手。東京から新潟まで荷物を運ぶ往復三日間の旅に玲が同行したいと言うと快く承諾します。

淡々と車窓を流れる風景、ほとんどがトラックの運転席を舞台にした二人芝居で、大きな事件が起こることもなく、「あんたも見せて」「今ちっちゃいからイヤだよ」「チンポ立ってようと立ってまいと、アンタはアンタじゃん」玲と岡部はこんな会話を交わしてSEXします。懐かしのロマンポルノやアメリカンニューシネマが思い出される雰囲気です。玲の食べ吐き癖は、少女の頃に学校のイジメで受けた心の傷が原因のようですが、食べ物を粗末にすることは許せません。見ず知らずの行きずりの男に平気でついて行く平和ボケの尻軽女ぶりも嫌です。この主人公には感情移入できないと思いましたが、書き込まれた脚本（荒井晴彦）会話がおもしろいので観続けました。

中学の頃から不良でシンナー中毒だった岡部は、ヤクザの事務所番、ホテトルのマネージャーを経験し、女ストーカーに迷惑したこともある体験を饒舌に語ります。取って置きの運送業界の裏話はマグロの腹にシャブを入れて冷凍した（麻薬犬の鼻が利かない）荷物を運んだ話。そしてトラッカー同士が交信するハム仲間の話、アマチュア無線を束ねるヤクザ（彼らは違法で派閥があって強い者が勝つ世界にヒルのように吸いついて来る）とかリアルな話です。「いろいろ、やってるね」と玲が言うと「試してみないと分んないじゃん、面白いか、面白くないか」と岡部は言います（彼に共感）。最後の長回しの食堂シーンでは、それまで言っていたことがひっくり返る告白がありますが、実はそれも嘘かも知れません。全ては観客の判断に任せる幕切れが、いぶし銀の光を放って、余韻を深めています。

この映画で寺島しのぶは少女のようにも中年女のようにも見える表情と孤独な寂しげな眼差しで等身大のリアルな女性を演じて絶賛され、数々の映画祭で主演女優賞を独占しました。二人芝居の相方を務めた大森南朋の存在感、セクシーさも見事でした（助演賞受賞）。彼は前衛舞踏家で異色俳優の麿赤児の息子で、寺島しのぶは歌舞伎の尾上菊五郎と富司（藤）純子の娘ですから、これは名優DNA継承者の競演です。二人の演技巧者ぶりは以後の作品でも顕著ですが、寺島しのぶは『キャタピラー』（'10年）でベルリン映画祭の最優秀女優賞も獲得しています。

SEX研究家によれば「美人でもSEX中の顔がイケてない人と器量はイマイチでもSEX顔がきれいな人がいる」そうですが、寺島しのぶは後者ですね。岡部にコンドームを装着させるときの横顔の色っぽさにゾクッとします。しかし藤純子は裸を見せないで色気を感じさせた大女優でしたが、娘は全く違うタイプの女優なのがなかなかおもしろい（ボクは藤純子ファンですけどね）。

メリカン・ビューティー

1999年製作・アメリカ

AMERICAN BEAUTY

サム・メンデス監督
ケヴィン・スペイシー、アネット・ベニング出演

妻は不倫で欲求不満の解消
夫のズリネタは娘の友人の美少女
皮肉な笑いに包んで描いた米国中流家庭の崩壊

『アメリカン・ビューティー』（サム・メンデス監督）はアメリカの典型的な中流家庭が集う新興住宅地を舞台にブラック・ユーモア風のシニカルな物語が展開します。

アメリカのホームドラマのように幸せそうな3人家族。しかし内実は夫・レスター42歳（ケヴィン・スペイシー）は職場でリストラされかけているサラリーマン、妻・キャロリン（アネット・ベニング）は中古住宅のブローカーをして成功を夢見ている虚栄心の強い女、娘・ジェーン（ソーラ・バーチ）は容姿に自信がなく、親を冷めた目で見ている反抗期の高校生です。レスターが娘の友人でオサセ、いやオマセなアンジェラ（ミーナ・スバーリ）に一目惚れして「パンツの中で発射」してから平凡な日常が壊れ始めます。アンジェラが筋肉フェチと聞いたレスターは、筋トレに励んで自分の肉体を変えていきます。会社をクビにされると、上司の浮気をネタに交渉して多額の退職金を得ることに成功、そしてまるで青年時代に返ったようにハンバーガー屋でアルバイト店員になります。SEXレスで冷えた関係の妻キャロリンは同業のトップセールスマン（ピーター・ギャラガー）とゲス不倫中です。隣に引越してきた元海兵隊・大佐（クリス・クーパー）の息子でビデオ撮影マニアのリッキー（ウェス・ベントレー）は美少女のアンジェラには目もくれずジェーンの方を盗撮することに熱中します。最初は気味悪がっていたジェーンも「風に舞う無機質のビニール袋に美を感じる」と言う彼の独特の感性に魅かれ恋に落ちます。

登場人物全員が本性を偽っていて、厳格な父に従順なリッキーがマリファナの密売でリッチに稼いでいたり、リッチでエレガントな生活に固執するキャロリンが若い頃は貧しくても平気なファンキー娘だったり、男性体験を自慢するアンジェラが実は処女、ゲイを嫌悪する大佐が実は…、と観客の見た目を裏切る実態が次々と露呈していきます。

この映画はアカデミー賞の監督・脚本・主演男優賞などを獲得した作品で、もうだいぶ前に劇場で一度観ただけなので、レスターの一番至福の時が朝のシャワー室でのオナニーで会社のトイレでも毎日オナニーをする（ある意味スゴイ人だった）のを忘れていました。再見してこんなエッチなことを言ったりしたりの映画だったのかと改めて感心しました。物語に黒澤明監督映画の影響も見受けられます。冒頭、レスターが一年以内に死ぬことが予告され、現在は生きていても死人同然の退屈な生活と紹介されるのが『生きる』（'52年）の主人公と重なり、『どですかでん』（'70年）でビニール袋が風に吹かれてスラム街を転がっていく場面の何か心に残る侘しさにリッキーの美感が重なっているようです。

スペイシーの演技の巧さは言うまでもなく、アンジェラを見る時の少年のようなピュアなスケベ顔、彼女をズリネタに寝室でオナニーして横の妻に気づかれたときの逆ギレは絶妙です。妻のベニングも適役で、親しみやすい美貌とスタイルはアメリカ的理想の主婦像、それが欲求不満解消と悦ぶ不倫ＳＥＸでは淫らに両肢上げた肢バンザイ体位で、何んだかなぁ…です。行為中の曲げた肢よりピンと伸びた肢にボクはそそられますが、映画では意外に少数派？です。それはさておき、娘に嫌悪されているレスターがアンジェラから「ジェーンは恋をして今幸せ」と聞くと、「よかった」と言って浮かべる最後の笑顔がいい感じです。いいお父さんだ、ボクは目の裏が熱くなり、人生身につまされる心境になって（ホントかよ）前よりも感動しました。娘の友人に妄想したくらいで「恥ずかしいから殺す」なんて言われたら、世の中のお父さんは命がいくつ有っても足りませんよ（自戒）。

アメリカン・ビューティー

サンダカン八番娼館 望郷

1974年製作・日本

SANDAKAN HACHIBAN SYOUKAN　BOUKYOU

熊井啓監督・脚本
田中絹代、高橋洋子、栗原小巻出演

からゆき（海外売春婦）だった不幸な老婆の回想
名女優・田中絹代の演技もいいが、
当時の実力派アイドル女優・高橋洋子のヌードもいい

不安定な経済情勢の反映か？一時のセレブブームの反動か？格差社会での貧乏不幸物語がバカウケしています。しかし、そんな物語は昔の日本映画の中にはゴマンとあって、貧乏不幸はドラマの基本でした。社会派の巨匠・熊井啓が監督、往年の名女優・田中絹代が主演してキネマ旬報'74年度のベストワンに輝き、日本のみならずベルリン映画祭でも女優賞を獲得したこの映画も貧乏不幸物語です。

明治・大正時代の日本は貧しい発展途上国、暮らしに困った家庭の娘が〝からゆきさん（海外売春婦）〟になることを政府は黙認し、むしろ孝行娘として密かに推奨していました（外貨獲得と口減らしの一石二鳥）。しかし、国際社会で日本の地位が上がると、国家の恥部として存在が隠蔽されます（お国のすることはどこもいつも同じ）。そんな底辺女性史の研究者（栗原小巻）が天草で知り合った貧しい老婆サキ（田中絹代）から〝からゆきさん〟の実態を聞き出すため、身分を隠してサキのボロ家で共同生活を始めます。その様子と若き日のサキ（高橋洋子）の回想、そして研究者が現代東南アジアのボルネオを訪問して、サキが売られて働いた娼館を探す場面を織り交ぜて物語が進行します。

以前ボクは、この映画に感動した友人（男）につき合わされて映画館で2度観ました。ただボクは当時、大胆ヌードも辞さぬ若手実力派女優（今や大女優の桃井かおり、秋吉久美子など）の1人で、ＮＨＫ朝のヒロインも務めた高橋洋子（後に作家）のフルヌードが目的で、そこに感動しました。

何十年ぶりかで観直すと、ほとんど忘れていたので新作を観るようでした。年を経て再見すると昔はよかったところがよくなかったり、逆につまらなかったところがおもしろかったりしますが、この映画の感想は以前と同じでした。いい映画であることに異論はありませんが、大満足納得の映画でもありません。まず、栗原小巻が孤独なサキの寂しさにつけ込んで、身分を隠して取材をすることがイマイチ共感できません。同じ熊井啓監督の『忍ぶ川』('72年)の小巻は乳出し(そこかよ)もして好感でしたが、こちらの小巻はノンフィクションの原作をドラマ仕立てにしたためか人間味を感じられません。だから、サキが秘めていた辛い過去を話す気になるのが納得できず、小巻が現代のサンダカンを訪ねるエピソードも、娼婦の墓が祖国に背を向けているという場面以外は必要を感じずムダに長く思いました。

そこらの引っかかりをスルーすれば、サキが回想する不幸話は胸にグッときます。初めての客の身体に刺青を入れた不気味な原住民に処女を奪われたり、日本の軍艦が着いた夜は1人で30人の兵士の相手をしないといけなかったり。「30人も…」と驚くサキの横で八番娼館の主人(小沢栄太郎)は女将(妻か愛人)に「かき入れ時じゃ、お前も客を取れ」と命じます。普段は娼婦たちをコキ使っている女将が渋々用意を始めます(ここは笑える場面)。金を貯めて身請けすると言っていた初恋の男(田中健)は兵士の相手をしてボロ布のようになったサキを見て去り、十数年ぶりに天草に里帰りすればサキの仕送りで家を建てた兄(浜田光夫)が「外聞が悪い」と冷たい態度、子供の頃は妹思いの優しい兄だったのに家庭を持って人変わりしています。それを知ったサキが声を上げないように、風呂に潜って泣く場面は涙なくして観られません。お国もヒドイが人の心も冷たいものです。田中絹代の晩年(映画はこれが遺作)の入魂演技に評価が集中しましたが、この高橋洋子の演技も、もっと評価されていいと思いました。

サンダカン八番娼館 望郷

ラストエンペラー

1987年製作・イタリア・イギリス・中国

THE LAST EMPEROR

ベルナルド・ベルトルッチ監督・脚本
ジョン・ローン、ジョアン・チェン、坂本龍一出演

中国最後の皇帝の一生
皇后は日本軍女スパイにレズとアヘンで狂わされ
時代に翻弄された男の人生を耽美的に描いた大河ドラマ

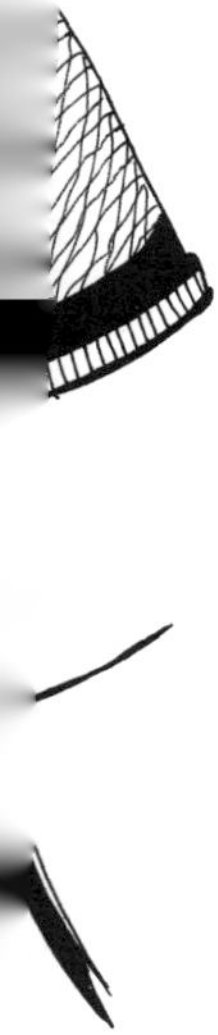

日滿親
五族協

エロエロ、いや、いろいろ問題を抱えながらこれからどうなる注目の大国・中国ということで、その激動の現代史がサラッと分かる『ラストエンペラー』('87年、ベルナルド・ベルトルッチ監督)を紹介します。

これは中国最後の皇帝・愛新覚羅溥儀《あいしんかくらふぎ》の一生を描いた映画です。溥儀は1908年に3歳で清朝第12代皇帝に指名され、7歳で辛亥革命によって退位、18歳のときクーデターで紫禁城を追放され、やがて日本の支援を受けて満州国が建国されると28歳で日本軍の操り人形として満州国皇帝の座に就きます。日本の敗戦によって39歳で満州国解体、ソビエト連邦の捕虜になり、44歳で中華人民共和国の戦犯収容所に入れられ、思想改革教育を受けて10年後に釈放されます。釈放後は庭師として一市民の生活を送り、文化大革命の嵐も目撃し、1967年61歳で死去します。

溥儀は、教養は高かったようですが、『アラビアのロレンス』や『ガンジー』のように歴史を変える行動の人ではなく、人に利用され時代に翻弄された人です。何とも虚しい人生ですが、それが映像の詩人・ベルナルド・ベルトルッチ監督の官能的な映像と壮大なスケール(アカデミー監督、撮影、衣裳、美術賞など受賞)で映し出した映画は全く退屈をしません。戦犯収容所に入れられて皇帝から市民になっていく後半生と前半生の豪華な皇帝生活が交錯して描かれる構成で、満州国の陰の支配者・甘粕役で出演もしている坂本龍一のオリエンタル情緒たっぷりの音楽も効果大です(アカデミー作曲賞受賞)。実在した溥儀とあまり似ていないジョン・ローン、皇后婉容《えんよう》をジョアン・チェンら美形俳優に演じさせているのは絶好調時のベルトルッチ監督ならでの耽美さを表現する視覚効果への配慮でしょう。この映画は2時間40分版と3時間30分版があって、大体映画の長尺版はダメ無駄版ですが、これは長い方がいいです。不甲斐ない人生の虚しさが、じっくりと伝わってきます。溥儀は16歳で結婚、年上の婉容を正妻に、年下の文繡《ぶんしゅう》を第2夫人にしています。紫禁城の皇帝生活は江戸城の徳川将軍のようで、食事の毒見役もいれば大奥もあって、違うのは宦官（男性器を切り取られた男）たちが仕えていることぐらいです。初夜の寝所には介添役（服の脱がせ係）が就いているし、婉容に年上のお姉さんが教えてあげる調で頭から顔までキス攻めの口紅跡だらけにされて陶酔する溥儀、「ご一緒させて」と言う文繡も加えて3PでのSEXライフをエンジョイする溥儀は、この幸せ者というかバカ殿ですわ。

紫禁城を追われてからの溥儀は第2夫人の立場に不満を持った文繡に逃げられ、日本軍側の女スパイ、男装の麗人と呼ばれた川島芳子によって婉容をレズとアヘンの中毒にされてしまいます。「なぜ私を抱かないの?」と言う婉容に溥儀は「アヘン中毒だから。母もアヘンで死んだ。アヘンは敵だ」と答えます。欲求不満顔でアヘンの筒を吸う婉容を「やさしく満たしてあげる」と言って川島芳子が婉容の足の指を咥えて舐め上げるシーンは官能エロス満開です。『紅夢』（'91年、チャン・イーモウ監督）でも触れましたが、中国四千年の性愛術は足へのこだわりがあります。さらに婉容はお抱え運転手と浮気して妊娠、出産、発狂と後々も溥儀を悩ませます。実際の溥儀はもっと女性関係がいろいろありましたが、映画は皇后との悲劇の愛だけを謳い上げています。ちなみに、セリフは全部英語です。中国人も日本人も皆が英会話、映画は欧米ウケを狙ってますから、何か変ってツッコミはご勘弁ください。

ラストエンペラー

卍（まんじ）

1964年製作・日本

MANJI

増村保造監督
若尾文子、岸田今日子、船越英二出演

「裸、もっと見せて欲しい」「姉ちゃん、やめてぇな」
声に艶がある2大女優の共演は
関西弁に魅かれた文豪・谷崎潤一郎好みの映画化

文豪・谷崎潤一郎のレズビアン小説「卍」は何度も映画化されていて、'64年（若尾文子、増村保造監督）から、'83年（樋口可南子、横山博人監督）、'98年（坂上香織、服部光則監督）、'05年（不二子、井口昇監督）、それに外国版（ドイツ・イタリア）もあります。

大阪船場のお嬢さん育ちで弁護士の妻・園子（岸田今日子）が作家にレズ体験を告白する物語。始まりは園子が暇つぶしに通う美術学校で織物会社の社長令嬢・光子（若尾文子）とレズの噂を立てられ、園子は光子と本当のレズ関係になっていきます。それは光子が自分の縁談を破談にするために仕組んだことで、やがてインポなのに光子につきまとう栄次郎（川津祐介）が登場して三角関係に発展。それに婿養子のような園子の夫・孝太郎（船越英二）も加わり三角関係と三角関係が絡み合うドロドロの愛欲地獄へ堕ちていきます。

正直ボクはこの話がなぜ何度もリメイクされるのか分かりません。原作が発表されたのは'28年（昭和3年）ですから、その時代の同性愛へのタブー感は理解できますが、モラルが緩んだ現代で禁断のレズ愛は珍しくありません。谷崎の文体から外れた映像ではスキャンダルを恐れる登場人物たちがおバカに見えてしまいます。最初の'64年版でも時代遅れ感はありますが、『ボーイズ・ドント・クライ』（'99年）やホモ同性愛を描いた『ブロークバック・マウンテン』（'05年、アン・リー監督）では切なくて感動しましたから、モラルの変化よりも物語自体の緩さがボクの好みじゃないのかもしれません。

と不満を述べつつ、それでも'64年版は見応えがあります。ヨーロッパでも再評価が著しい増村保造監督のテンポのいい演出、セリフも動きもスピーディーで「それはオカシイ」とツッコミを入れる隙を与えません。そして若尾文子の妖艶な魅力（当時30歳）はやはりいいです。際どいヌードシーンは例によって代役ですが、「頼むさかい、やめてぇな」「姉ちゃん、堪忍して」「姉ちゃん、助けて欲しい」「あっ痛い、痛い」こんなセリフをあの少し鼻にかかった色っぽい声で言ってもらえるだけで大満足です。

またそれを受ける岸田今日子も実に味のある声。「アンタの裸、見せて欲しいわ」「アンタぁ、綺麗な身体してたんなぁ。いややや、もっと見せて欲しい。何で隠すの、そんな水くさいと思てへなんだのに、今日限り友だちでもないわ」「ああ憎たらしい、こんな綺麗な身体してて。ウチ、アンタ殺してやりたい」（ムチャクチャ言う女です）。夫から「それ、変態性欲や」と言われると、「アンタ、お金が欲しいて結婚したんやろ。ウチ、自分のすること束縛されるの嫌やねん。自由にさせて欲しいわ」（嫌味も言う女です）。それが、光子に情夫がいるのを知ると夫に「ウチの心に隙ができへんように可愛がり続けてくれんと嫌やわ」と言って、夫「お前は極端から極端やな」。全く何なんだこの女は…可愛い！（ええーっ）。

「光子さんの芝居やと分かってきましてん。光子さんかてウチが騙されたふりしてるの見抜いていながら図々しう芝居してはりましてん」と関西弁で言う岸田今日子は舞台で鍛えた演技派女優ですが、大人の色気もある女優さんでした（当時34歳、'06年に76歳で死去）。大きい口に声も特徴的でした（あのムーミン声優です）。大体、谷崎潤一郎が「卍」を書いたのは、江戸っ子の谷崎が関西に移住して女性の声に魅かれたからだそうです。議論をするなら東京弁の女、寝物語は関西弁の女がいいと言っていたようですから、声に艶がある若尾文子と岸田今日子が共演したこの映画は最も谷崎好みだったのではないでしょうか。

卍（まんじ）

るスキャンダルの覚え書き

2006年製作・アメリカ

NOTES ON A SCANDAL

リチャード・エア監督
ジュディ・デンチ、ケイト・ブランシェット出演

美人教師は皆の注目の的
スキャンダル教師の実話に基づく物語で
演技派〝女王様〟女優が激突

キャスティングを見て、「女王様対決か」と思いました。ジュディ・デンチはイギリスの舞台俳優で、映画は英国諜報部員００７の上司Mや『至上の恋』（'97年）のヴィクトリア女王、『恋におちたシェークスピア』（'98年）のエリザベス女王1世の貫禄ある演技で知られている大女優です。ケイト・ブランシェットもオーストラリアの舞台女優から映画は『エリザベス』（'98年）『エリザベス：ゴールデン・エイジ』（'07年）で2度エリザベス女王役を演じ、『ロード・オブ・ザ・リング』シリーズ（'01～'03年）では妖精エルフ族の女王でお馴染み。数々の演技賞に輝く演技派女優同士がガップリ四つに組んだ映画は、スキャンダラスな実話がベースになった物語でした。

労働者階級の子弟が通う高校に金髪美人教師シーバ（ケイト・ブランシェット）がやって来ます。鬼教師バーバラ（ジュディ・デンチ）は彼女を見て〝現実離れした妖精〟（楽屋オチ？）と思います。家庭訪問をして、30歳代半ばのシーバには不似合いな父親のような夫（上流お嬢様のシーバはファザコン傾向で学生時代に年配の教師と不倫し、それで離婚した教師が今の夫）、15歳の長女、12歳の長男がダウン症で手が掛かっていたが、適した養護学校が見つかり、時間に余裕ができて教師になったことを知ります。孤独なオールドミスのバーバラはシーバの家族から魔女のように嫌われても接近し、シーバが訳アリの男子生徒とSEXしている現場を目撃しても学校に報告せず、秘密にしてシーバに恩を売ります。シーバの弱みを握ったバーバラはシーバを束縛し支配しようと狂的になっていきます。

もうお察しの通り、バーバラはレズビアンです。女教師でレズビアンは『噂の二人』（'61年、ウィリアム・ワイラー監督）を思い出しますが、そっちのオードリー・ヘップバーンとシャー

あるスキャンダルの覚え書き

リー・マクレーンの美形コンビに対しジュディ・デンチですから、これはイタイです。しかもヨーロッパ系の女優ですからヘアーを映されても平気（この映画ではそこまでしていませんから、ご安心を）。60歳、70歳は娘盛りの気概で肌を露出してくれますから、ありがた迷惑、イヤありがたい大女優です。

しかし、学校もスゴイ所になったものです。子供は本来無法者、それにしつけと学問を教えて育てる人たちだから教師を聖職者と呼んだのに、今や性職者ですか。もはや変態ロリコン教師の事件報道を見ても、世間の驚きは薄くなってしまいました。しつけは学校と家庭が協力して教え込むものなのにどちらもそれから逃げて、学問だけに偏向した揚げ句のモラル破壊ですから、学校（教師）も家庭（親子）も変。この映画の生徒の母親は「変態女、ウチの子に何をした」とシーバを非難しますがどっちもどっちです。

昔はタバコやポルノ雑誌でしたが、今やナイフや麻薬を隠し持つという荒れた学校に新米美人教師は鴨がネギ背負って鍋に飛び込んで来るようなものです。「すぐヤらせる女だ、ケツに入れたい」などと言う、色気づいた男子生徒の標的です。問題の男子生徒は「母は不治の病、父は家庭内暴力」と嘘を並べてシーバの同情心につけ込みます。夜、ガード下近くの空地に呼び出して青姦ＳＥＸに成功すると、次からはケータイに「会いたい、熱いアソコを想像している」と電話してくるなかなかのワル（本当に15歳か）です。夢と現実のギャップに悩み、心に隙がある女教師を落とすことなど朝飯前のようなコイツに言いたい、「オマエは天才」いや「ゲス野郎！」だ。しかし、教師も〝ごくせん〟はまだしも〝エロせん〟では困りもんです。

人が人を愛することのどうしようもなさ

2007年製作・日本

HITOGA HITOWO AISURUKOTONO DOUSIYOUMONASA

石井隆監督・脚本
喜多嶋舞、津田寛治、永島敏行、竹中直人出演

女優が女優を演じる虚実交錯した物語
内臓まで曝け出すような喜多嶋舞のヘアヌード
猥褻さを突き抜けた潔さを感じる

WAI WAI CINEMA
S 3
T 150

かつては石井隆監督作品の主人公の名は男が村木、女は名美が定番でしたが、だんだん趣向が変わって『GONIN サーガ』(15年)にも見当たらず、ここ最近はご無沙汰です。ヒロイン名美はこの映画が打ち止めでしょうか。

映画撮影の合間に女優・名美(喜多嶋舞)への雑誌編集者(竹中直人)によるロング・インタビューが行われています。名美は15歳でデビュー、美少女ブームに乗ってアイドルになり、映画やCMに活躍した清純派女優です。24歳のとき15歳年上の人気俳優・洋介(永島敏行)と結婚し、大人の演技派女優への脱皮を狙ってヘアヌードも辞せず取り組んでいる最新作映画「レフトアローン」の内容を名美が語ります。その映画は俳優夫婦の愛と破綻を描く物語で、名美が扮するのは人気女優・鏡子、夫役は洋介が扮し実際の夫婦が夫婦を演じます。鏡子の夫は人気が下り坂でそれに苛立ってのDVや浮気をしていることに鏡子は気づいて悩んでいます。そして精神のバランスが狂ってきた鏡子は、夜な夜な街に出て見知らぬ男を相手に売春をし始めます。映画中映画として鏡子が撮影中のアクション映画「ブラックバード」と文芸エロス映画「愛の行方」の説明をしながら、名美はいつもなら側に付き添っているマネージャーの岡野(津田寛治)の到着が遅れていることが気にかかっています。

喜多嶋舞本人のプロフィールも取り込んだ物語はフェイクとリアルの境目が曖昧で、虚実を交錯させ二重三重に複雑な構成を採っているので、あらすじの紹介はここまでとします。映画中映画の「ブラックバード」は石井監督の昔の映画『夜がまた来る』(以前紹介したボクの好きな映画)を下敷きにしているので、石井監督もこの映画に愛着があるのかと思うと何か嬉しいです。マネージャー岡野と名美の関係や名美がカメラのシャッター音に反応して笑みを浮べてポーズをとる場面はバックステージ物の名作『サンセット大通り』（'50年、ビリー・ワイルダー監督）や『何がジェーンに起こったか？』（'62年、ロバート・アルドリッチ監督）を彷彿とさせ、それも嬉しくなりました。石井監督の描き方が親切過ぎて、ミステリー的には先が読めてしまう所もありますが、それでも喜多嶋舞のすばらしい裸体と全てを曝け出すような演技に最後まで興味が失われることはないでしょう。

「ブラックバード」のヒロインがヤクザ組織に捕えられて、裸で縛り上げられ電気ショック拷問をされるという始まりから、鏡子の夫への欲求不満オナニー、メガネっ娘ヌード、売春客へのフェラ、SM緊縛プレイ、コスプレSEXと強烈なエロエロ爆弾が炸裂しています。中でも迫力満点なのは、鏡子が深夜の電車内で前に座っている若いカップルを挑発してノーパンM字開脚をする場面です。AVそこのけの下品さ猥褻さですが、大胆に内臓まで曝け出すような喜多嶋舞のヘアヌードはなかなかのモノ、羞恥心など突き抜けてしまった潔さを感じました。

喜多嶋舞の母親・内藤洋子は名作『赤ひげ』（'65年、黒澤明監督）でデビューした'60年代後半の清純派アイドル女優でした。娘が母親とは違う路線に挑戦しているのは頼もしい限りでしたが、実生活で長男出生に関するスキャンダルが発覚し、その悪女ぶりが世間の総スカン喰らって芸能界引退を（'15年）してしまいました。悪女は虚構の中だけに止めておけば無難なのでしょうが、芸術者は清く美しいだけでは単調で退屈です。悪や異常さをも内包して複雑な輝きを増すものですから、世間から悪女と指差されるほどの逸材を活かせなかったのは惜しいことです。

[性]についてのキンゼイ・レポート

2004年製作・アメリカ、ドイツ

KINSEY

ビル・コンドン監督・脚本
リーアム・ニーソン、ローラ・リニー、クリス・オドネル出演

各国には独特の性文化があり、ブラジルは獣姦、イタリアは尼僧、イギリスは女校長が生徒の尻を叩き、東洋では鞭と縄だ　（アルフレッド・キンゼイ）

G
F
E
D
C
B
A

アメリカの生物学者アルフレッド・キンゼイ（1894～1956年）は道徳偏重社会では恥部として秘められていたSEXの調査研究を行い、'48年に「キンゼイ・レポート男性版」を刊行するとベストセラーとなり、一躍時の人としてもてはやされました。しかし、5年後に「女性版」を出すと今度は世間の非難を浴び、財団の支援を断たれて失意の内に病没しました。『愛についてのキンゼイ・レポート』（'04年）はその実話を基に助手として支えた妻、キンゼイの夫婦愛に焦点を当てた物語です。『シカゴ』の脚本家ビル・コンドンが脚本・監督を引き受け、キンゼイ夫婦を『シンドラーのリスト』のリーアム・ニーソンと『トゥルーマン・ショー』『ミスティック・リバー』のローラ・リニーが演じています。

インディアナ大学のキンゼイ教授は受講生のクララと恋に落ち、童貞と処女で結婚して初夜の結合に失敗します。医者に相談するとクララは処女膜が厚く、キンゼイは超巨根であることが判明（コメディじゃない実話です）。それなりの体位でSEXに成功すると、毎週20回もSEXするラブラブ夫婦となり、1男2女に恵まれます。性の大切さを痛感したキンゼイは禁欲教育全盛の中、大学で若者の性の悩み相談に乗り出します。そして、「自分は性器の形が変？」「自慰をし過ぎると早漏になる？」「同性愛は異常？」、そんな質問に答えている内に根拠となる統計資料が全く無いことに気づきます。インタビューの方法を工夫して、助手たちと全米1万8千人に及ぶSEXについての対面聞き取り調査を開始します。

この話の醍醐味は様々な性癖の人が登場するおもしろさです。SEXの頻度を聞かれ、「2～3回」「月に？」「いいえ、1日に」と答える女性。「オーガズムの頻度は？」「1度」「月に？」「いや、20年前に1度だけ」と答える男性。40歳で初めてオーガズムを覚えてからペニス挿入後5秒でイッてしまう体質になった老女、直径7㎝のペニスを持ち10秒で勃起射精できると言う猛者は10歳で祖母にSEX指南され、11歳で父と同性愛、家族33人のうち17人と近親相関、22種類の動物と獣姦、SEXした人間の数は9412人、その中に思春期前の少年が605人、少女が231人と答えます。調査員がキンゼイに「こんな人は不愉快です」と言うと「偏見はいかんな」（いや、本当にコメディじゃないので…）。

こんなモンスターの話を聞いているとキンゼイや調査員の道徳常識もバランスが崩れてしまうのか、キンゼイはバイセクシャルの助手と同性愛を経験し、助手はキンゼイの妻と夫公認のSEXをします（だけど夫婦関係は壊れない、実話です）。しかし、助手たちが調査のためとはいえAV男優のような役割をしたり、夫婦交換をしたり、そして家庭内での赤裸々なSEX会話を嫌悪したキンゼイの長男が離反してしまいます。そんな個人的苦悩が性研究の大義名分の下、あっさりスルーされてしまうのがボクは物足りなかったです（そこを掘り下げて欲しい）。

男女の性器写真が無修正で映される場面もありますが、マジメな映画です。マジメにエロスを追及して世間から白い眼で視られているボク（ホントかよ）も肯ける言葉がたくさんありました。例えば「性的倒錯は生物学的に見れば正常、不道徳だから異常と言うのはバカげている」、「性欲の強い人もいれば淡白な人もいる。人は皆違うのに同じと思いたがる、仲間外れになりたくない一心で自分を裏切っている」、「SEXはただの摩擦運動や遊びじゃない。危険なゲーム、人生を左右する大問題。気をつけないとズタズタにされる」など、しっかり心に刻んでおきたい言葉でした。

清作の妻

1965年製作・日本

SEISAKU NO TUMA

増村保造監督
若尾文子、田村高廣、殿山泰司出

好色爺の妾になっていた薄幸な女が
村一番の模範青年に捧げる狂おしい愛情
背景の閉鎖的な人間社会、軍国主義社会の怖さ

心ならずも男の目を惹いてしまうほど色香のある女。それに対する村社会の嫉妬交じりの陰湿なイジメ、凄惨なリンチ、迫る戦争の影、国と時代は違えども『マレーナ』('00年、ジュゼッペ・トルナトーレ監督)なども共通点のある映画です。

明治時代、お兼(若尾文子)は貧窮して故郷を追われた一家の犠牲になって、17歳で街の裕福な老人(殿山泰司)の妾になります。数年後、老人が死亡して遺言で多額の金を得たときには、もう病弱の弟も父も没して残った母と二人きり。故郷の家を買い戻し、母と帰郷しますが、村人は冷たく「妾奉公で大金を稼いだ女」と陰口を言われ村八分にされます。そんな時、村一番の模範青年・清作(田村高廣)が除隊して帰村し、最初は反発し合った二人ですが、お兼の母が急死後、親切に葬儀を仕切ってくれた清作をお兼は愛するようになります。「憎まれもんじゃから、いじらしいんじゃ」と清作は結婚に反対する母や妹と離れて、お兼の家で暮らし始めます。村の非難の目の中で二人だけの愛の世界に浸りますが、そんな幸せも束の間で日露戦争が勃発。召集されると決死隊に志願する生真面目な清作ですから、お兼の彼を死なせたくないとの思いが高じ、再出征直前に清作の目を釘で突き刺してしまいます。

模範青年ほど体制の扇動(お国のために)で貧乏くじを引きやすいもの、それを止められるのは女性の愛だけ。若尾文子と名コンビの増村保造監督作品は反戦映画というよりも、激しく狂おしい女の情念がリアルに伝わってくる映画です。好色老人のおもちゃにされている内に希望を失い、世間に背を向けていたお兼が、清作と暮らし始めると生き生きと泥まみれになって農作業に励み出します。その一途な姿の可愛さ。農作業の合間にする野原でのSEX、出征前夜の気ぜわしいSEX、名残惜しげに清作の身体を撫で回すお兼の手

清作の妻

には清作への深い愛情が込もっています。男なら女性にこれほど愛されたいもの(目を刺されるのはイヤだが)、うらやましいです。この演技で数々の主演女優賞を獲得した若尾文子は当時('65年)31歳。動作や声に現代の女優にはない芳醇な色気があり、しとやかな和服の下に成熟した女の肉体と少女の健気さを内包した〝得も言われぬ艶〟はスクリーンに刻まれた芸術文化財です。これは映画を観て自分の目で感じ取ってもらうのが一番です。

この原作は第一次世界大戦後の厭戦気分が高まった大正デモクラシー時代に書かれ、サイレントで映画化されています。その後また軍国主義が台頭して第二次世界大戦に突入し、このリメイク作は第二次世界大戦の記憶がまだ残っている'60年代に作られています。今観ると何か不思議な感じで、時代は変わっても変わらない人間の愚かさ嫌らしさを突いていてドキッとします。例えば、お兼を清作の嫁と認めずイジメながらもその財産をあてにしている清作の母、戦地に赴く兵士を送る宴に「人の酒は死ぬほど飲め、人の物は食えるだけ食え」のセコイ根性で出席し「立派に死んでこい」と無神経に言える村人、失明した清作に「嫁と示し合わせた非国民」と罵声を浴びせ石を投げる村人。村社会の閉鎖された空気は今のイジメ問題の根本と通じています。清作の目を刺して半狂乱で逃げるお兼を村人たちが捕まえてリンチする場面でも、どさくさに紛れてレイプさながら脚を押さえつけ開かせようとする男もいます。人は弱く汚いもの、正気と狂気は紙一重ですから、場の空気に流されると誰もが同じ穴のムジナになるのでしょうか。原作と映画は結末が違っていますが、どんなに辛く苦しくても「俺達は逃げないんじゃ、この土地で生きるんじゃ」と言う清作の決意が伝わるこの映画の方がボクは好きです。

ラスト、コーション

2007年製作・アメリカ、中国、台湾、香港

色、戒/LUST, CAUTION

アン・リー監督
トニー・レオン、タン・ウェイ、ジョアン・チェン出演

用心深い冷徹な男をＳＥＸでたぶらかす
まるで本番しているような過激なＳＥＸシーン
陰毛よりも腋毛のエロティシズムにドッキリ

台湾出身のアン・リー監督は『アイス・ストーム』の項で国籍やジャンルに捉われない監督と紹介しましたが、近年もインド人少年と虎が主人公の『ライフ・オブ・パイ／トラと漂流した227日』（'13年）、イラク戦争兵士が題材の『ビリー・リンズ・ロング・ハーフタイム・ウォーク』（原題、'16年）と、今までと違う趣向の作品を撮り続けている巨匠です。例えば『アイス・ストーム』も『ラスト、コーション』も不倫ＳＥＸを描いていますが前者は現代アメリカが舞台の家庭劇、後者は戦時中の中国高官暗殺を背景にした官能サスペンスで趣を違えています。おまけにこちらは過激なＳＥＸ描写のために国によって年齢制限や削除を余儀なくされた作品です。

第二次世界大戦中の１９４２年、日本軍占領下の上海、カフェでマイ夫人（タン・ウェイ）が、愛人で日本軍が操る傀儡政権の特務機関の長官イー（トニー・レオン）が来るのを待っています。抗日工作員組織が綿密に企てたイー暗殺決行の直前、そこからマイ夫人の回想が始まります。４年前のマイ夫人（本名チャウチー）は香港の大学生で、密かに好意を持っている同じ大学のクァン（ワン・リーホン）に誘われて学生劇団で愛国劇のヒロインを務めていました。日本軍を怨むクァンは対日協力者イーが上海から香港に来ているのを知り、劇団仲間とイー暗殺を計画します。チャウチーは貿易商夫人のマイと名乗ってイー夫人（ジョアン・チェン）に近づき、巧みにイーの気を引きますが、イーは隙を見せない用心深い性格で暗殺計画は失敗します。チャウチーは操を犠牲にして成し遂げようとした計画の挫折と思いがけず劇団仲間が手を染めてしまった殺人にショックを受け、仲間から離れて行きます。３年後の上海、チャウチーは国民党の工作員になったクァンに頼まれ、マイ夫人としてイーに再接近し肉体関係を持ちます。些細な偽りをも見抜いてしまう冷徹なイーを相手にチャウチーは全身全霊でSEXに没頭し、SEXを度重ねてイーの信頼を得ていきますが、やがてチャウチーの心にも変化が…。

ウォン・カーウァイ監督作品『恋する惑星』『花様年華』『グランド・マスター』などの名演技で知られるアジアの名優トニー・レオン演じるイー（この知的でニヒルな感じ、日本の名優・森雅之を彷彿とさせて好きです）と美しいモデル体型に童顔のタン・ウェイ扮するチャウチーがくり広げる過激なSEX（マジで挿入しているような）シーンには目がクギづけ、ベテランと新人が身体を張っての熱演にビックリです。過酷な職務の重圧と孤独から人間不信になったイーは痛みや苦痛を与えるSEXにしか感じることができず、レイプしているような乱暴なSEX、アクロバティックな体位で行うSEX、あるいは逆に目を塞がれ責め苛まれるSEXでしか満足を得られなくなっているという設定です。

勿論、全裸ヘア解禁ですがタン・ウェイの腋毛も披露されています（今どきは陰毛よりも腋毛にドキッ）。この時代は腋毛お手入れしないが普通ですから考証的にもリアルで、'50年代以前のヨーロッパ女優もお手入れしないのが多数派で昔の映画の中に散見できます。サスペンス映画の傑作『恐怖の報酬』（'52年、ジョルジュ・クルーゾー監督）でも監督夫人である女優ヴェラ・クルーゾーが腋毛をチラリと見せています。腋毛エロティシズムといえば'80年代後半に活躍した日本のAV女優・黒木香も思い出されますが、ボクが忘れられないのは『白日夢』（'64年、武智鉄二監督）で見た路加奈子の腋毛です。まだ中学生で興奮しました（アッ、18禁でした）。

ラスト、コーション

盲獣

1969年製作・日本

MOUJYU

増村保造監督
船越英二、緑魔子、千石規子出演

盲人に誘拐監禁された女が触覚の官能に目覚め
やがて凄まじいＳＭの世界に溺れていく
これは思いきりデカダンスでイッてしまっている映画です

鬼才・増村保造監督の『盲獣』は異色中の異色作です。完全にイッてるデカダンスな映画ですが、差別語にうるさい今ならこのタイトルだけでもうアウトでしょう。

盲目の中年男・道夫（船越英二）は視覚や聴覚で鑑賞する芸術に対し、触覚で楽しむ芸術の創生を目論んでいる自称彫刻家です。彼は母親（千石規子）と共謀し、高名な写真家のモデルとして注目されているアキ（緑魔子）を拉致誘拐します。アキは触覚芸術のモデルになるのを拒否し、監禁されたアトリエから逃亡しますが失敗。今度は油断させるためにマザコン童貞の道夫を誘惑し、それに嫉妬した母親が道夫と争い、誤って頭を打って死んでしまいます。母の束縛から解放された道夫とアキはシュールなアトリエ（巨大な女体裸像が転がり、目や鼻や唇などの肉体の部分だけを無数に作ってある）の中でSEXに没頭します。視力が衰えたアキは触覚世界の官能に目覚め、より強烈な刺激を求めて二人は互いに身体を傷つけ合うSM世界に溺れていきます。ついに究極の刺激を求めて、アキは自分の手や足を切り落として欲しいと道夫に頼みます。

江戸川乱歩が36歳で書いた原作では、さらに数人の美女誘拐殺人があり、触覚芸術に不必要な肉体部分は各地に遺棄されていきます。名探偵が登場して事件を解決する類のミステリーではなく、怪人が快楽のために殺人を重ねるホラーです。モラル規制の厳しい昭和6年（'31年）に、こんなエロ・グロ作を発表しているのに驚きます。時代を超越し、後世のSM猟奇殺人を先取りした感のある鬼才・乱歩ですが、後年、復刊される際に読み返し、「ひどい変態」と自分自身にあきれたそうです（それホント?）。

増村監督の『盲獣』は原作の前半に話を絞り、俳優も3人だけで映画化しています。時代を撮影時の現代('68年)に移し、原作では神出鬼没のスーパー盲人を童貞マザコンに変更。好人物イメージの船越英二(英一郎の父)に演じさせてヒロインへの偏執愛の面を強調しています。そこはストーカー誘拐映画の名作『コレクター』('65年、ウィリアム・ワイラー監督)の影響を受けているのかも知れません。閉ざされた空間内で互いに傷をつけ合うSM愛の凄まじさは、以前紹介した『愛の嵐』('73年、リリアーナ・カヴァーニ監督)や『愛のコリーダ』('76年、大島渚監督)よりも早く、その点からも、この作品が日本よりもフランスなどヨーロッパで評価が高いのが肯けます。

ヒロインの緑魔子は当時24歳、'60年代半ばから活躍した小悪魔的でコケティッシュなアンダーグランドの匂いがする女優です。この映画では薄っすら腋毛を見せて(そこもヨーロッパ的)、たまらなく扇情的でドキドキします。ちなみに彼女のパートナーは石橋蓮司ですから、何かスゴイ個性派夫婦です(映画と関係ないですが…)。

原作ではヒロインの身体を貪り尽くして厭きた男が、女性が強い刺激を求めるのに乗じて殺してしまうのですが、映画は女性が男性をリードしてエスカレートしてしまう展開です。女性主導のマゾっぽい感覚がいかにも増村監督らしいと思いました。

増村監督は『赤い天使』で、野戦病院の負傷兵が手足をバサバサ切り落とされる様を生々しく描きましたが、こちらは趣向を変え、石膏像を使って血を見せないでも無惨さを表現しています。スプラッター映画を見慣れた目には反ってモダンで新鮮です。当時、増村保造監督44歳、間違いなく日本映画界の鬼才でした。

盲獣

卍（まんじ）

あとがき——『猥々シネマ快館3』残日録

もう出そうだ、早く出して、あぁ出る、中には出さないで、イヤそっちじゃなくて（全く無縁でもないか）、出るの出ないのと爺様と婆様のエロ事みたいにお待たせしました（誰も待ってないよ）『猥々シネマ快館3』単行本が出版されました。

『猥々シネマ快館2』出版（'07年）から10年ぶりです。前回出版後は「明るく柔らかい文章とセクシーなイラストでエロを上品に解説。筆者のとぼけたツッコミも面白い」（byキネマ旬報）、「エロくて何が悪い！映画とエロスへの愛を綴る一冊」（byこの映画がすごい！宝島社）、「類書のない映画本。映画に対する造詣の深さと感性の尖鋭さ」（by図書新聞　植田隆氏）など身に余る評を頂きました。それがプレッシャーになった訳ではないのですが、10年も間が空いてしまいました。それはボクの明日があるさ明日がある性格のせいですが、10年間も過ぎてしまった感覚が全くないノンビリぶりに自分がビックリです。

清作の妻

しかし、10年ひと昔とも言われる歳月の重みはすごいもので、いろいろな変化がありました。

『猥々シネマ快館』は遊びを極める男の情報誌・月刊『Ping』(イング出版)に'99年から'09年まで連載されました。この雑誌はお世話になった内藤正人編集長が押す〝男性向け娯楽情報誌〟路線でトントン拍子に大発展したのですが、やがて社内に〝風俗情報誌〟に特化する動きが出てきたため、内藤編集長は退職して今は新天地で活動されているようです。

連載を始めた頃は40歳代だったボクも60歳代半ばを超え、健康診断で高血圧を指摘されて薬を朝晩飲んでいます(軽くヤク中です)。腰は痛いし、眼も見えにくくなって、確実に老いは来ています。だから自動車の運転は極力止めました。この歳で人身事故でも起こしたら人生アウトです。幸いどうしても車がないと困る生活環境でもなく、自転車があればほぼ事足りています。

思えば20歳代に広告制作サラリーマンで仕事を始め、仕事の傍ら漫画を描いて漫画雑誌『ガロ』に投稿して掲載され、30歳代半ばからはフリーランス(いやフリーターかも)

血と骨

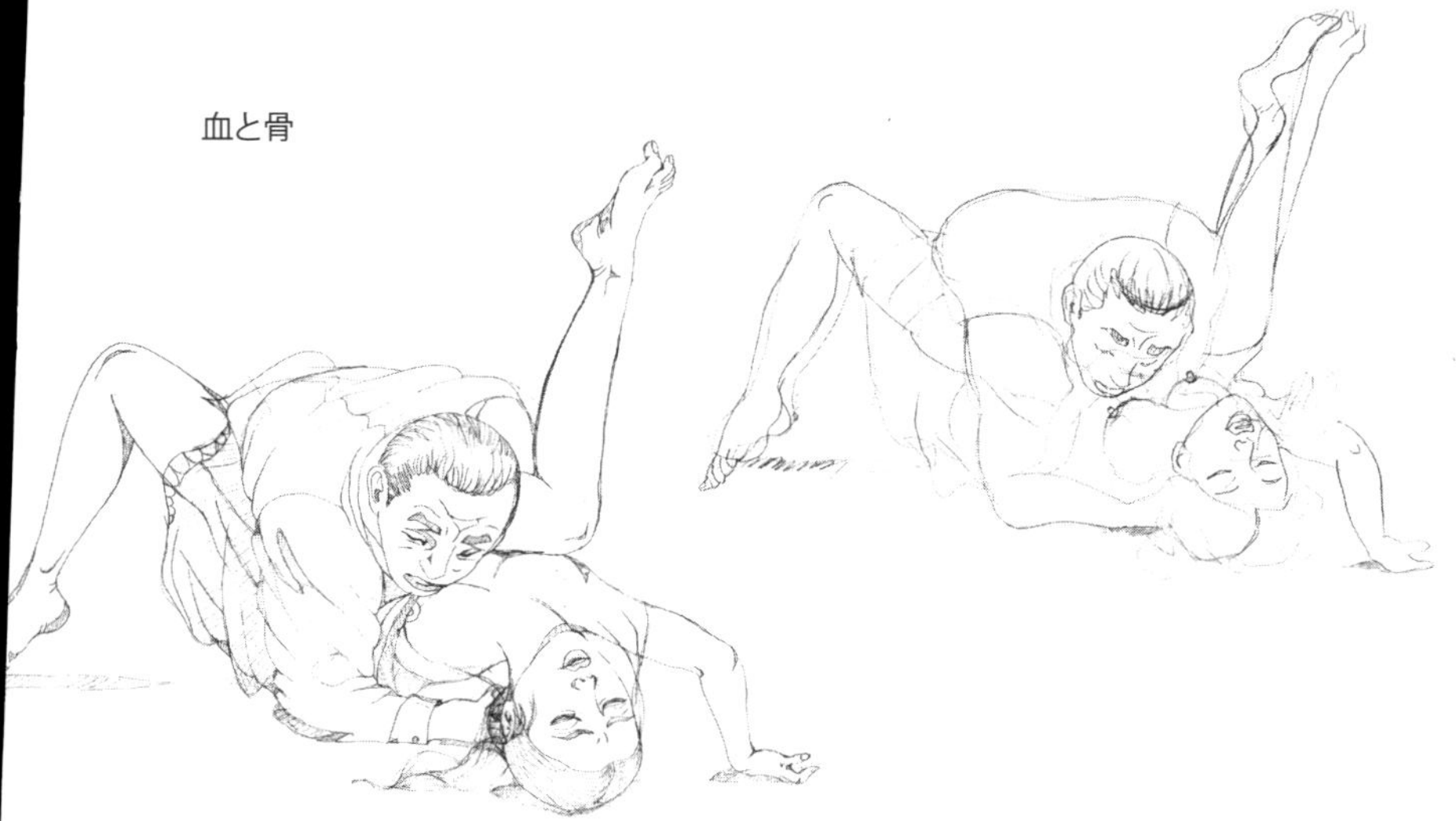

になってイラストやデザインの仕事に関わってきました。スポンサーの意向に沿った仕事よりも、自分がおもしろい仕事を選んで（生意気にも）していたので収入面は綱渡りでも精神的には楽しい日々を過ごしました。そんな生活は60歳あたりで定年という形でひと区切りして（でも頼まれたら結局お絵描きを引き受けていますが）、年金生活までの繋ぎになればと場違いな職場勤め（午前中だけのパート社員）をし始めました。それが意外とボクの生活リズムに適っていたようで一時の腰掛のつもりが65歳の定年まで勤め、腕か人柄？何を見込まれたか体力気力が続くまで延長されて、まだ働いています（結構仕事中毒かも）。

ここ10年以上前からは、自分の食べる米は自分で作りたいと思って、田んぼの世話もしています。暑い最中の雑草取りなど体力的にきびしいところもありますが、気分的にはまだまだ元気なもので（猥々シネマで取り上げるような映画ばかり観続けているせいか）年寄りになった気は全くありません。

旧い映画を観直して最近驚くのは、若い頃に観て老人だと思っていた人物が今のボクより年齢下なことです。例え

白い指の戯れ

ばTVドラマ『やすらぎの郷』（'17年、倉本聰脚本）の元ネタであるフランス映画『旅路の果て』（'39年、ジュリアン・デュヴィヴィエ監督）の物語舞台になる俳優専門の老人ホームに入園している人たちの年齢は50歳代の半ば（ボクより10歳以上若っ）。『晩春』（'49年、小津安二郎監督）では父（笠智衆）が娘（原節子）に言います「お父さんはもう56だ。お父さんの人生はもう終わりに近いんだよ」と。ええっ！この時代の人たちは老成しているというか、ボクのチャラさが恥ずかしくなります。

とにかく『猥々シネマ快館』はボクの趣味全開でさせていただいたお仕事ですが、それが単行本で3冊にもなるなんてありがたいことです。「わが青春に悔いなし」とは言えませんが「人生ほぼ悔いはなし」です。このシリーズにいつまでも興味を持って出版してくれる「創風社出版」大早友章・直美ご夫妻のおかげです。そして、おつき合いいただいた読者の皆様と付かず離れずのボケ嫁、いやボク嫁にも深く感謝を致します。本当にありがとうございます。

サンダカン八番娼館 望郷

題名索引

＊本文に出てきた作品名をアイウエオ順に列記
＊タイトルは邦題、最後の数字はページ数
＊以下、製作年（西暦）、製作国、キャスト

アイス・ストーム……………158,200
1997年　アメリカ
監督＝アン・リー
出演＝ケヴィン・クライン / ジョアン・アレン

アイズ ワイド シャット……………88
1999年　アメリカ
監督・脚本＝スタンリー・キューブリック
出演＝トム・クルーズ / ニコール・キッドマン

愛についてのキンゼイ・レポート…190
2004年　アメリカ・ドイツ
監督・脚本＝ビル・コンドン
出演＝リーアム・ニーソン / ローラ・リニー

愛の嵐……………………………205
1973年　イタリア
監督・脚本＝リリアーナ・カヴァーニ
出演＝ダーク・ボガード /
シャーロット・ランプリング

愛のコリーダ………………53,205
1976年　フランス
監督・脚本＝大島渚
出演＝藤竜也 / 松田英子 / 中島葵

愛の新世界…………………………12
1994年　日本
監督＝高橋伴明
出演＝鈴木砂羽 / 片岡礼子 / 萩原流行

アイム・ソー・エキサイテッド！…72
2013年　スペイン
監督・脚本＝ペドロ・アルモドバル
出演＝ハビエル・カラマ /
アントニオ・デ・ラ・トーレ

赤い殺意……………………………69
1964年　日本
監督・脚本＝今村昌平
出演＝春川ますみ / 西村晃

赤い天使…………………………42,205
1966年　日本
監督＝増村保造
出演＝若尾文子 / 芦田伸介 / 川津祐介

赤ひげ……………………………189
1965年　日本
監督・脚本＝黒澤明
出演＝三船敏郎 / 加山雄三 / 内藤洋子

赤目四十八瀧心中未遂…………125
1979年　日本
監督＝荒戸源次郎
出演＝寺島しのぶ / 大楠道代

あなたを抱きしめる日まで………65
2013年　アメリカ・イギリス・フランス
監督＝スティーヴン・フリアーズ
出演＝ジュディ・デンチ /
スティーヴン・クーガン

アスファルト・ジャングル…………30
1950年　アメリカ
監督・脚本＝ジョン・ヒューストン
出演＝スターリング・ヘイドン / サム・ジャフェ

網走番外地…………………………76
1965年　日本
監督・脚本＝石井輝男
出演＝高倉健 / 南原宏治 / 丹波哲郎

あ、春……………………………148
1999年　日本
監督＝相米慎二
出演＝佐藤浩市 / 斎藤由貴 / 山崎努

アメリカン・ビューティー…160、166
1999年　アメリカ
監督＝サム・メンデス
出演＝ケヴィン・スペイシー / アネット・ベニング

アラビアのロレンス…………176
1962年　イギリス
監督＝デヴィッド・リーン
出演＝ピーター・オトゥール / アレック・ギネス

あるスキャンダルの覚え書き……182
2006年　アメリカ
監督＝リチャード・エア
出演＝ケイト・ブランシェット / ジュディ・デンチ

生きる……………………………169
1952年　日本
監督・脚本＝黒澤明
出演＝志村喬 / 小田切みき

一条さゆり・濡れた欲情…………100
1972年　日本
監督・脚本＝神代辰巳
出演＝伊佐山ひろ子 / 一条さゆり

いつか晴れた日に………………160
1995年　アメリカ
監督＝アン・リー
出演＝エマ・トンプソン / ケイト・ウィンスレット

刺青……………………………44
1966年　日本
監督＝増村保造
出演＝若尾文子 / 山本学 / 長谷川明男

インビジブル…………………48
2000年　アメリカ
監督＝ポール・ヴァーホーヴェン
出演＝エリザベス・シュー / ケヴィン・ベーコン

ヴァイブレータ………………162
2003年　日本
監督＝廣木隆一
出演＝寺島しのぶ / 大森南朋 / 田口トモロヲ

ウエディング・バンケット………160
1993年　アメリカ・台湾
監督・脚本＝アン・リー
出演＝ウィンストン・チャオ / メイ・チン

歌麿をめぐる五人の女……………140
1959年　日本
監督＝木村恵吾
出演＝長谷川一夫 / 淡島千景

うつせみ………………………144
2004年　韓国
監督・脚本＝キム・ギドク
出演＝イ・スンヨン / ジェヒ

うなぎ…………………………13
1997年　日本
監督・脚本＝今村昌平
出演＝役所広司 / 清水美砂

海の上のピアニスト……………24
1999年　アメリカ・イタリア

監督・脚本＝ジュゼッペ・トルナトーレ
出演＝ティム・ロス／
　　　プルート・ティラー・ヴィンス

海をみる……………………………97
1997年　フランス
監督・脚本＝フランソワ・オゾン
出演＝サーシャ・ヘイルズ／
　　　マリナ・ド・ヴァン

噂の二人……………………………184
1961年　アメリカ
監督＝ウィリアム・ワイラー
出演＝オードリー・ヘプバーン／
　　　シャーリー・マクレーン

江戸川乱歩猟奇館・屋根裏の散歩者…28
1976年　日本
監督＝田中登
出演＝宮下順子／石橋蓮司

M：Iシリーズ………………………57
1996～2015年　アメリカ
監督＝ブライアン・デ・パルマ
　　　J・J・エイブラムスなど
出演＝トム・クルーズ／ヴィング・レイムス

エリザベス…………………………184
1998年　イギリス
監督＝シェカール・カプール
出演＝ケイト・ブランシェット／
　　　ジェフリー・ラッシュ

エリザベス：ゴールデン・エイジ…184
2007年　イギリス
監督＝シェカール・カプール
出演＝ケイト・ブランシェット／
　　　ジェフリー・ラッシュ

オール・アバウト・マイ・マザー…72
1999年　スペイン
監督・脚本＝ペドロ・アルモドバル
出演＝セシリア・ロス／ペネロペ・クロス

大奥浮世風呂………………………50
1977年　日本
監督＝関本郁夫
出演＝松田英子／志賀勝／菅貫太郎

大奥＜男女逆転＞シリーズ………92
2010～12年　日本
監督＝金子文紀
出演＝二宮和也／柴咲コウ

大奥㊙物語…………………………90
1967年　日本
監督＝中島貞夫
出演＝佐久間良子／藤純子／山田五十鈴

お葬式………………………………85
1984年　日本
監督・脚本＝伊丹十三
出演＝山崎努／宮本信子

鬼火…………………………………12
1997年　日本
監督＝望月六郎
出演＝原田芳雄／片岡礼子／北村一輝

お引越し……………………………148
1993年　日本
監督＝相米慎二
出演＝桜田淳子／田畑智子

愚か者 傷だらけの天使……………125
1998年　日本
監督・脚本＝阪本順治
出演＝真木蔵人／大楠道代／豊川悦司

おんなの細道　濡れた海峡………114
1980年　日本
監督＝武田一成
出演＝三上寛 / 山口美也子

顔……………………………125
2000年　日本
監督・脚本＝阪本順治
出演＝藤山直美 / 大楠道代 / 豊川悦司

カサノヴァ最後の恋………………88
1992年　フランス
監督・脚本＝エドゥワール・ニエルマン
出演＝アラン・ドロン /
クリスティーヌ・コズラン

風花……………………………148
2001年　日本
監督＝相米慎二
出演＝小泉今日子 / 浅野忠信

カッコーの巣の上で………………65
1975年　アメリカ
監督＝ミロス・フォアマン
出演＝ジャック・ニコルソン /
ルイーズ・フレッチャー

KAMIKAZE TAXI ………10
1995年　日本
監督・脚本＝原田眞人
出演＝役所広司 / 片岡礼子 / 高橋和也

花様年華……………………………201
2000年　香港・フランス
監督・脚本＝ウォン・カーウァイ
出演＝トニー・レオン / マギー・チャン

カリギュラ……………………………80
1980年　アメリカ・イタリア
監督＝ティント・ブラス
出演＝マルコム・マクダウェル /
ヘレン・ミレン

彼は秘密の女ともだち……………97
2014年　フランス
監督・脚本＝フランソワ・オゾン
出演＝ロマン・デュリス /
アイナス・ドゥームスティエ

ガンジー……………………………176
1982年　イギリス・インド
監督＝リチャード・アッテンボロー
出演＝ベン・キングズレー /
キャンディス・バーゲン

キカ……………………………………70
1993年　スペイン
監督・脚本＝ペドロ・アルモドバル
出演＝ガエル・ガルシア・ベルナル /
フェレ・マルチネス

KIDS（キッズ）……………………152
1995年　アメリカ
監督＝ラリー・クラーク
出演＝レオ・フイッツパトリック /
クロエ・セヴィニー

キャタピラー………………………165
2010年　日本
監督＝若松孝二
出演＝寺島しのぶ / 大西信満

恐怖の報酬…………………………201
1952年　フランス・イタリア
監督・脚本＝アンリ＝ジョルジュ・クルーゾー
出演＝イヴ・モンタン / シャルル・ヴァネル

魚影の群れ……………………………146
1983年　日本
監督＝相米慎二
出演＝緒形拳 / 十朱幸代 / 夏目雅子

嫌われ松子の一生…………………18
2006年　日本
監督・脚本＝中島哲也
出演＝中谷美紀 / 伊勢谷友介 / 柄本明

キル・ビル……………………………60
2003年　アメリカ
監督・脚本＝クエンティン・タランティーノ
出演＝ユマ・サーマン / ルーシー・リュー

キングコング………………………113
1976年　アメリカ
監督＝ジョン・ギラーミン
出演＝ジェフ・ブリッジス / ジェシカ・ラング

くノ一化粧……………………………66
1964年　日本
監督・脚本＝中島貞夫
出演＝春川ますみ / 弓恵子 / 露口茂

くノ一忍法……………………………68
1964年　日本
監督＝中島貞夫
出演＝野川由美子 / 吉村真理 / 小沢昭一

クラッシュ…………………………129
1996年　カナダ
監督・脚本＝デヴィット・クローネンバーグ
出演＝ジェームズ・スペイダー /
ホリー・ハンター

グランド・マスター………………201
2013年　香港・中国・フランス
監督・脚本＝ウォン・カーウァイ
出演＝トニー・レオン / チャン・ツィイー

グリーン・デスティニー…………160
2000年　アメリカ
監督＝アン・リー
出演＝チョウ・ユンファ / チャン・ツィイー

ゲンセンカン主人……………………76
1993年　日本
監督・脚本＝石井輝男
出演＝佐野史郎 / 岡田奈々

KEN PARK……………………………150
2002年　アメリカ・オランダ・フランス
監督＝ラリー・クラーク、エド・ラックマン
出演＝ジェームズ・ランソン / ティファニー・ライモス

恋する惑星…………………………201
1994年　香港
監督・脚本＝ウォン・カーウァイ
出演＝トニー・レオン / フェイ・フォン

恋におちたシェークスピア…17,184
1998年　アメリカ
監督＝ジョン・マッデン
出演＝ジョセフ・ファインズ /
グウィネス・パルトロウ

恋人たちの食卓……………………160
1994年　台湾
監督・脚本＝アン・リー
出演＝ラン・シャン / ウー・チェンリン

紅夢……………………………………177
1991年　香港・中国
監督＝チャン・イーモウ
出演＝コン・リー / ホー・ツァイフェイ

氷の微笑……………………………48
1992年　アメリカ
監督＝ポール・ヴァーホーヴェン
出演＝マイケル・ダグラス / シャロン・ストーン

ＧＯＮＩＮサーガ…………………188
2015年　日本
監督・脚本＝石井隆
出演＝東出昌大 / 土屋アンナ / 柄本佑

コレクター…………………………205
1965年　イギリス・アメリカ
監督＝ウィリアム・ワイラー
出演＝テレンス・スタンプ / サマンサ・エッガー

サード………………………………154
1978年　日本
監督＝東陽一
出演＝永島敏行 / 森下愛子

魚と寝る女…………………………104
1999年　韓国
監督・脚本＝キム・ギドク
出演＝ソ・ジュン / キム・ユソク

ザ・タウン…………………………57
2010年　アメリカ
監督・脚本＝ベン・アフレック
出演＝ベン・アフレック / ジェレミー・レナー

座頭市………………………………125
2003年　日本
監督・脚本＝北野武
出演＝ビートたけし / 浅野忠信 / 大楠道代

サマードレス………………………94
1996年　フランス
監督・脚本＝フランソワ・オゾン
出演＝フレデリック・マンジュノ / ルシア・サンチェス

サマリア……………………………144
2004年　韓国
監督・脚本＝キム・ギドク
出演＝クァク・チミン / ハン・ヨルム

サロン・キティ……………………80
1976年　イタリア・西ドイツ・フランス
監督・脚本＝ティント・ブラス
出演＝ヘルムート・バーガー / イングリッド・チューリン

残酷・異常・虐待物語　元禄女系図…77
1969年　日本
監督・脚本＝石井輝男
出演＝吉田輝雄 / 小池朝雄 / 橘ますみ

サンセット大通り…………………189
1950年　アメリカ
監督＝ビリー・ワイルダー
出演＝グロリア・スワンソン / ウィリアム・ホールデン

サンダカン八番娼館 望郷…………170
1974年　日本
監督・脚本＝熊井啓
出演＝田中絹代 / 高橋洋子 / 栗原小巻

シカゴ………………………………21,192
2002年　アメリカ
監督＝ロブ・マーシャル
出演＝レニー・ゼルウィガー / キャサリン・ゼタ＝ジョーンズ

地獄…………………………………76
1999年　日本

監督・脚本＝石井輝男
出演＝佐藤美樹 / 前田通子

至上の恋……………………………184
1997年　イギリス
監督＝ジョン・マッデン
出演＝ジュディ・デンチ / ビリー・コノリー

白い指の戯れ………………………98
1972年　日本
監督＝村川透
出演＝伊佐山ひろ子 / 荒木一郎

忍ぶ川………………………………173
1972年　日本
監督・脚本＝熊井啓
出演＝加藤剛 / 栗原小巻

下妻物語……………………………20
2004年　日本
監督・脚本＝中島哲也
出演＝深田恭子 / 土屋アンナ

写楽……………………………133,140
1995年　日本
監督＝篠田正浩
出演＝真田広之 / 葉月里緒奈

SHALL WE ダンス？…………13
1995年　日本
監督・脚本＝周防正行
出演＝役所広司 / 草刈民代 / 竹中直人

十一人の侍…………………………53
1967年　日本
監督＝工藤栄一
出演＝夏八木勲 / 大友柳太朗 / 西村晃

十三人の刺客………………………53
1963年　日本
監督＝工藤栄一
出演＝片岡知恵蔵 / 里見浩太朗 / 西村晃

十三人の刺客………………………53
2010年　日本
監督＝三池崇
出演＝役所広司 / 山田孝之 / 稲垣吾郎

シュウシュウの季節………………38
1998年　アメリカ
監督・脚本＝ジョアン・チェン
出演＝ルールー / ロプサン

17歳 ………………………………97
2013年　フランス
監督・脚本＝フランソワ・オゾン
出演＝マリーヌ・ヴァクト /
シャーロット・ランプリング

春夏秋冬そして春……………104,144
2003年　韓国
監督・脚本＝キム・ギドク
出演＝オ・ヨンス / キム・ギドク

ショーガール………………………48
1995年　アメリカ
監督＝ポール・ヴァーホーヴェン
出演＝エリザベス・バークリー /
ジーナ・ガーション

女囚701号・さそり………………58
1972年　日本
監督＝伊藤俊也
出演＝梶芽衣子 / 夏八木勲 / 扇ひろ子

女囚さそり・第41雑居房…………60
1973年　日本

監督＝伊藤俊也
出演＝梶芽衣子 / 渡辺文雄 / 白石加代子

女囚さそり・けもの部屋……………60
1973 年　日本
監督＝伊藤俊也
出演＝梶芽衣子 / 成田三樹夫 / 李礼仙

701 号怨み節………………………60
1973 年　日本
監督＝長谷部安春
出演＝梶芽衣子 / 田村正和

仁義なき戦いシリーズ……………109
1973 ～ 74 年　日本
監督＝深作欣二
出演＝菅原文太 / 松方弘樹

真極道・棒の哀しみ………………104
1994 年　日本
監督・脚本＝神代辰巳
出演＝奥田瑛二 / 永島暎子

シンドラーのリスト………………192
1993 年　アメリカ
監督＝スティーヴン・スピルバーグ
出演＝リーアム・ニーソン /
レイフ・ファインズ

スタンドアップ……………………54
2005 年　アメリカ
監督＝ニキ・カーロ
出演＝シャーリーズ・セロン /
フランシス・マクドーマンド

スパイダーマン……………………160
2002 年　アメリカ
監督＝サム・ライミ
出演＝トビー・マグワイア /
キルスティン・ダンスト

清作の妻……………………44，194
1965 年　日本
監督＝増村保造
出演＝若尾文子 / 田村高廣

青春の殺人者………………………37
1976 年　日本
監督＝長谷川和彦
出演＝水谷豊 / 原田美枝子

セーラー服と機関銃………………148
1981 年　日本
監督＝相米慎二
出演＝薬師丸ひろ子 / 渡瀬恒彦

セクレタリー　秘書………………126
2002 年　アメリカ
監督＝スティーブン・シャインバーグ
出演＝マギー・ギレンホール / ジェームズ・スペイダー

セックス・チェック第二の性……122
1968 年　日本
監督＝増村保造
出演＝安田道代 / 緒形拳

戦場のピアニスト …………………9
2002 年　フランス・ドイツ・
ポーランド・イギリス
監督・脚本＝ロマン・ポランスキー
出演＝エイドリアン・ブロディ /
トーマス・クレッチマン

ダークナイト………………………128
2008 年　アメリカ
監督・脚本＝クリストファー・ノーラン
出演＝クリスチャン・ベール /
マギー・ギレンホール

大地の子守歌……34
1976年　日本
監督＝増村保造
出演＝原田美枝子 / 岡田英次 / 梶芽衣子

台風クラブ……148
1985年　日本
監督＝相米慎二
出演＝工藤夕貴 / 三浦友和

太陽がいっぱい……89
1960年　フランス・イタリア
監督・脚本＝ルネ・クレマン
出演＝アラン・ドロン / モーリス・ロネ

ターザンの凱歌……120
1943年　アメリカ
監督＝ウィリアム・シール
出演＝ジョニー・ワイズミュラー

たそがれ清兵衛……132
2002年　日本
監督＝山田洋次
出演＝真田広之 / 宮沢りえ

血と骨……106
2004年　日本
監督＝崔洋一
出演＝ビートたけし / 鈴木京香 / オダギリジョー

チャイナタウン……6
1974年　アメリカ
監督＝ロマン・ポランスキー
出演＝ジャック・ニコルソン / フェイ・ダナウェイ

ツィゴイネルワイゼン……116.125
1980年　日本
監督＝鈴木清順
出演＝大谷直子 / 大楠道代 / 原田芳雄

2 days……16
1996年　アメリカ
監督＝ジョン・ハーツフェルド
出演＝ジェームズ・スペイダー / シャーリーズ・セロン

D坂の殺人事件……28,130
1998年　日本
監督＝実相寺昭雄
出演＝真田広之 / 嶋田久作 / 吉行由実

トゥルーマン・ショー……192
1998年　アメリカ
監督＝ピーター・ウィアー
出演＝ジム・キャリー / エド・ハリス

トゥルー・ロマンス……121
1993年　アメリカ
監督＝トニー・スコット
出演＝クリスチャン・スレーター / パトリシア・アークエット

遠い空の向こうに……128
1999年　アメリカ
監督＝ジョー・ジョンストン
出演＝ジェイク・ギレンホール / クリス・クーパー

トーク・トゥ・ハー……72
2002年　スペイン
監督・脚本＝ペドロ・アルモドバル
出演＝レオノール・ワトリング / ハビエル・カマラ

徳川女系図……77
1968年　日本

監督・脚本＝石井輝男
出演＝吉田輝雄 / 南原宏治 / 三原葉子 / 賀川雪絵

徳川女刑罰史……………………77
1968 年　日本
監督・脚本＝石井輝男
出演＝渡辺文雄 / 吉田輝男 / 橘ますみ

どですかでん……………………169
1970 年　日本
監督・脚本＝黒澤明
出演＝頭師佳孝 / 井川比佐志 / 田中邦衛

翔んだカップル…………………148
1980 年　日本
監督＝相米慎二
出演＝薬師丸ひろ子 / 鶴見辰吾

嘆きのピエタ……………………145
2012 年　韓国
監督・脚本＝キム・ギドク
出演＝イ・ジョンジン / チョ・ミンス

何がジェーンに起こったか？……189
1962 年　アメリカ
監督＝ロバート・アルドリッチ
出演＝ベティ・デイヴィス /
ジョーン・クロフォード

日本春歌考………………………101
1967 年　日本
監督・脚本＝大島渚
出演＝荒木一郎 / 伊丹十三 / 宮本信子

ニュー・シネマ・パラダイス………24
1989 年　イタリア・フランス
監督・脚本＝ジュゼッペ・トルナトーレ
出演＝フィリップ・ノワレ /
サルバトーレ・カシオ

ねじ式……………………………74
1998 年　日本
監督・脚本＝石井輝男
出演＝浅野忠信 / 藤谷美紀

寝ずの番…………………………82
2006 年　日本
監督＝マキノ雅彦
出演＝中井貴一 / 木村佳乃 / 長門裕之 / 富士純子

ハート・ロッカー…………………57
2009 年　アメリカ
監督＝キャスリン・ビグロー
出演＝ジェレミー・レナー /
アンソニー・マッキー

背徳小説…………………………80
1994 年　イタリア
監督・脚本＝ティント・ブラス
出演＝フランチェスコ・カセール /
カタリーナ・ヴァシリッサ

バウンス ko GALS…………………13
1997 年　日本
監督・脚本＝原田眞人
出演＝佐藤仁美 / 役所広司 / 桃井かおり

白日夢……………………………68,201
1964 年　日本
監督・脚本＝武智鉄二
出演＝路加奈子 / 花川蝶十郎 / 石浜朗

二十才の微熱……………………12
1993 年　日本
監督・脚本＝橋口亮輔
出演＝袴田吉彦 / 片岡礼子 / 石田太郎

ハッシュ！……………………………12
2001年　日本
監督・脚本＝橋口亮輔
出演＝田辺誠一／片岡礼子／高橋和也

バッド・エデュケーション…………72
2004年　スペイン
監督・脚本＝ペドロ・アルモドバル
出演＝ガエル・ガルシア・ベルナル／
フェレ・マルチネス

ハルク……………………………………160
2003年　アメリカ
監督＝アン・リー
出演＝エリック・バナ／ジェニファー・コネリー

羊たちの沈黙…………………………61
1990年　アメリカ
監督＝ジョナサン・デミ
出演＝ジョディ・フォスター／アンソニー・ホプキンス

人が人を愛することの
どうしようもなさ…186
2007年　日本
監督・脚本＝石井隆
出演＝喜多嶋舞／永島敏行／津田寛治

緋牡丹博徒シリーズ………………93
1968〜72年　日本
監督＝山下耕作、加藤泰
出演＝藤純子／若山富三郎

秘密……………………………………80
2002年　イタリア
監督・脚本＝ティント・ブラス
出演＝アンナ・ガリエナ／
ガブリエル・ギャルコ

悲夢……………………………………145
2008年　韓国
監督・脚本＝キム・ギドク
出演＝オダギリジョー／イ・ナヨン

ヒューマンネイチュア……………118
2001年　アメリカ・フランス
監督＝ミシェル・ゴンドリー
出演＝ティム・ロビンス／
パトリシア・アークエット

ビリー・リンズ・ロング・
ハーフタイム・ウォーク…200
2016年　アメリカ
監督＝アン・リー
出演＝ジョー・アルウィン／
クリステン・スチュアート

武士道残酷物語……………………41,93
1963年　日本
監督＝今井正
出演＝中村錦之助／森雅之／有馬稲子／
三田佳子／岸田今日子

無頼平野……………………………76
1995年　日本
監督・脚本＝石井輝男
出演＝加勢大舟／吉田輝男／岡田奈々

ブラックブック……………………46
2006年　オランダ・ドイツ・イギリス・ベルギー
監督＝ポール・ヴァーホーヴェン
出演＝カリス・ファン・ハウテン／
トム・ホフマン

フリーダ……………………………134
2002年　アメリカ
監督＝ジュリー・ティモア
出演＝サルマ・ハエック／
アルフレッド・モリーナ

ブロークバック・
マウンテン…128,160,180
2005年　アメリカ
監督＝アン・リー
出演＝ヒース・レジャー/
ジェイク・ギレンホール

兵隊やくざ……………………………44
1965年　日本
監督＝増村保造
出演＝勝新太郎/田村高廣

暴力脱獄……………………………65
1967年　アメリカ
監督＝スチュアート・ローゼンバーグ
出演＝ポール・ニューマン/ジョージ・ケネディ

ボーイズ・ドント・クライ……17,180
1999年　アメリカ
監督・脚本＝キンバリー・ピアース
出演＝ヒラリー・スワンク/クロエ・セヴィニー

北斎漫画……………………………138
1981年　日本
監督・脚本＝新藤兼人
出演＝緒形拳/田中裕子/樋口可南子

マイ・フェア・レディ………………120
1964年　アメリカ
監督＝ジョージ・キューカー
出演＝オードリー・ヘプバーン/
レックス・ハリスン

マグダレンの祈り…………………62
2002年　イギリス・アイルランド
監督・脚本＝ピーター・ミュラン
出演＝ノラ＝ジェーン・ヌーン/
アンヌ＝マリー・ダフ

マッドマックス
怒りのデス・ロード…57
2015年　アメリカ・オーストラリア
監督＝ジョージ・ミラー
出演＝シャーリーズ・セロン/トム・ハーディ

マルコヴィッチの穴………………120
1999年　アメリカ
監督＝スパイク・ジョーンズ
出演＝ジョン・キューザック/
キャメロン・ディアス

マレーナ……………………22,196
2000年　イタリア・アメリカ
監督・脚本＝ジュゼッペ・トルナトーレ
出演＝モニカ・ベルッチ/
ジュゼッペ・スルファーロ

まぼろし……………………………96
2001年　フランス
監督・脚本＝フランソワ・オゾン
出演＝シャーロット・ランプリング/
ブリュノ・クレメール/ジャック・ノロ

卍（まんじ）………………………178
1964年　日本
監督＝増村保造
出演＝若尾文子/岸田今日子/船越英二

ミスティック・リバー……………192
2003年　アメリカ
監督＝クリント・イーストウッド
出演＝ショーン・ペン/ティム・ロビンス

道………………………………105,145
1954年　イタリア
監督・脚本＝フェデリコ・フェリーニ
出演＝ジュリエッタ・マシーナ/
アンソニー・クイン

無法松の一生……………………20
1943年　日本
監督＝稲垣浩
出演＝坂東妻三郎

メビウス………………………145
2013年　韓国
監督・脚本＝キム・ギドク
出演＝ソ・ヨンジュ / イ・ウヌ

盲獣……………………………202
1969年　日本
監督＝増村保造
出演＝緑魔子 / 船越英二

盲獣ＶＳ一寸法師………………76
2001年　日本
監督・脚本＝石井輝男
出演＝リリー・フランキー / 塚本晋也

桃色画報…………………………78
2003年　イタリア
監督・脚本＝ティント・ブラス
出演＝サラ・コズミ / シルヴィア・ロッシ

モンスター…………………14,56,160
2003年　アメリカ
監督＝パティ・ジェンキンス
出演＝シャーリーズ・セロン /
クリスティーナ・リッチ

屋根裏の散歩者………………26,132
1992年　日本
監督＝実相寺昭雄
出演＝三上博 / 嶋田久作 / 宮崎ますみ

郵便配達は二度ベルを鳴らす……110
1942年　イタリア
監督・脚本＝ルキノ・ヴィスコンティ
出演＝マッシモ・ジロッティ /
クララ・カラマイ

1946年　アメリカ
監督＝テイ・ガーネット
出演＝ジョン・ガーフィールド / ラナ・ターナー

1981年　アメリカ
監督＝ボブ・ラフェルソン
出演＝ジャック・ニコルソン /
ジェシカ・ラング

郵便屋……………………………80
1995年　イタリア
監督・脚本＝ティント・ブラス
出演＝チンツィア・ロッカフォルテ /
クリスティーナ・リナルディ

弓………………………………142
2005年　韓国
監督・脚本＝キム・ギドク
出演＝チョン・ソンファン / ハン・ヨルム

夜がまた来る……………………188
1994年　日本
監督・脚本＝石井隆
出演＝夏川結衣 / 根津甚八 / 椎名桔平

**ライフ・オブ・パイ /
トラと漂流した227日…200**
2013年　アメリカ
監督＝アン・リー
出演＝スラージ・ジャルマ /
イルファン・カーン

楽園をください…………………160
1999年　アメリカ
監督＝アン・リー
出演＝トビー・マグワイア /
スキート・ウールリッチ

羅 生 門 ……………………………120
1950年　日本
監督・脚本＝黒澤明
出演＝三船敏郎 / 京マチ子 / 森雅之

ラストエンペラー……………41,174
1987年　イタリア・イギリス・中国
監督・脚本＝ベルナルド・ベルトルッチ
出演＝ジョン・ローン / ジョアン・チェン

ラスト、コーション………………198
2007年　アメリカ・中国・台湾・香港
監督＝アン・リー
出演＝トニー・レオン / タン・ウェイ /
　　　ジョアン・チェン

陸軍中野学校…………………………44
1966年　日本
監督＝増村保造
出演＝市川雷蔵 / 小川真由美

輪 舞 ……………………………………86
1950年　フランス
監督＝マックス・オフュルス
出演＝ジェラール・フィリップ /
　　　シモーヌ・シニョレ

1964年　フランス
監督＝ロジェ・ヴァディム
出演＝ジェーン・フォンダ / モーリス・ロネ

1988年　日本
監督＝小沼勝
出演＝麻生かおり / 高原清美

ロード・オブ・ザ・リング……160,184
2001〜03年　アメリカ
監督・脚本＝ピーター・ジャクソン
出演＝イライジャ・ウッド /
　　　ケイト・ブランシェット

6才のボクが、大人になるまで。…121
2014年　アメリカ
監督・脚本＝リチャード・リンクレイター
出演＝エラー・コルトレーン /
　　　パトリシア・アークエット

私が、生きる肌……………………72
2011年　スペイン
監督・脚本＝ペドロ・アルモドバル
出演＝アントニオ・バンデラス /
　　　エレナ・アナヤ

私は死にたくない…………………17
1958年　アメリカ
監督＝ロバート・ワイズ
出演＝スーザン・ヘイワード /
　　　サイモン・オークランド

悪い男……………………………102,144
2001年　韓国
監督・脚本＝キム・ギドク
出演＝チョ・ジェヒョン / ソ・ウォン

得松ショージ

愛媛県松山市生まれ。

『ガロ』（青林堂）に漫画投稿デビュー（'79年～'85年）。

CMに関わり愛媛新聞広告賞受賞作制作（'86年、'95年）、『ジ・アース』編集デザイン（NTT全国タウン誌大賞奨励賞、'89年～'95年）、酒の情報誌『美薫』（ほなみ出版）表紙イラスト（'90年～'95年）、『太陽』（平凡社）「遍路の旅」イラスト（'00年）、『四国旅マガジンGajA』（SPC出版）イラスト・文（'99年～'02年）、「近藤等則・地球を吹くIN松山城」ポスターデザイン制作（'03年）南海放送ラジオ番組にゲスト出演（'04年～'08年）。石鎚神社の本、天狗キャラ制作（'07年）。月刊『Ping』（イング出版）「猥々シネマ快館」「江戸（エロ）川柳」連載（'99年～'08年）「坂の上の雲ミュージアム」上映アニメ『秋山好古物語』（'09年）原画制作。『正岡子規　日本新聞社員タリ』『みんなのことば』上映（'10年）原画制作。歌舞音曲劇『げんない』（作・演出・横内謙介）ポスターイラスト制作（坊っちゃん劇場'13年）。

月刊『子規新報』（創風社出版）「花満開」連載中（'02年～）。

松山市在住、著書『錬夢術遊戯』、『猥々シネマ快館』、『猥々シネマ快館２』（創風社出版刊）

猥々シネマ快館３

2017年9月25日発行　　定価＊本体1600円＋税

著　者　得松ショージ
発行者　大早　友章
発行所　創風社出版
〒791-8068 愛媛県松山市みどりヶ丘９－８
TEL.089-953-3153 FAX.089-953-3103
振替 01630-7-14660 http://www.soufusha.jp/
印刷 ㈱松栄印刷所　　製本 ㈱永木製本

 ISBN 978-4-86037-255-2